大人のためのなかなか書けない・読めない中学生漢字

出口 汪
Hiroshi Deguchi

水王舎

プロローグ
◎中学生漢字が書ければ、それで万全

大人が「中学生漢字」なんて!?

　そう思われた方は、次のカタカナの漢字を書いてみてください。

①大臣の**シモン**に答える。　　　　　　　　（洛南）
②君には先見の**メイ**がある。　　　　（都立八王子東）
③**キシカイセイ**の逆転ホームラン。　　（都立青山）
④**テイサイ**を整える。　　　　　　　　　　（長野）
⑤**ザユウ**の銘。　　　　　　　　　　　　　（長野）
⑥チャンスに**カイシン**の一発。　　　　（都立国立）
⑦同じような話ばかりで**ショクショウ**気味だ。
　　　　　　　　　　　　　　　　　　　（都立白鷗）
⑧ペンキを**トフ**する。　　　　　　　（都立隅田川）
⑨故人の**イシ**を継ぐ。　　　　　　　　（都立両国）
⑩彼の**モヨリ**の駅は新宿だ。　　　　　　（都立西）

どうでしたか？

　全問正解でしたか？　実はこれらの漢字は、実際に高校入試で出題されたもので、当然のことながら中学生が書けなければならないものば

かりです。

しかも、奇をてらって誰もが書けない漢字を選んだものではなく、実際に日常生活を送るうえで書けなければならないものばかりを選んでみました。まさに「役に立つ漢字」なのです。

今や漢字を書く場合は、ワープロによる自動変換であり、手で書く機会がめっきり少なくなりました。そのために、いざ何かを書かなくてはならないとき、基本的な漢字が思い浮かばなかったり、誤字を書いてしまったりと、思わぬところで恥をかいてしまうという経験も少なくないはずです。

では、漢字の読みはどうでしょうか。

以下の問題も高校入試問題からの出題です。太字部分の漢字の読みを答えてください。

①工事が予定どおり**進捗**する。　　　　　　（千葉）
②**辛辣**な批判を受ける。　（東京都立進学指導重点校）
③**戴冠**式に出席する。　　（東京都立進学指導重点校）
④梅の花が**綻**ぶ。　　　　　　　　　　　（十文字）

⑤法律を**遵守**する。　　　　　　　　（十文字）
⑥花の**芳**しい香り。　　　　　　　　（城北埼玉）
⑦税金を**賦課**する。　　　　　　（多摩大学目黒）
⑧悪徳業者を業界から**放逐**する。　　　（都立西）
⑨**篤志**家の寄付を得る。　　　　　　（都立戸山）
⑩人気商品が**廉価**で販売される。　　（都立青山）

　大切な漢字の読み方を間違っていたり、人前で間違った読み方をしてしまったりすると、これが中学生漢字だけに、あなたの教養が疑われてしまいかねません。第一、読み方がわからなければ、辞書などで調べることも困難です。

本書は、本当に役に立つ漢字の本です。

　本書は『大人のための本当に役立つ小学生漢字』の上級編です。本書に掲載された問題が難しいと感じたなら、ぜひ「小学生漢字」から挑戦してみてください。意外に大人でも間違ってしまう問題が多いはずです。
　実は「中学生漢字」は常用漢字のほとんどを含んでいるのです。だから「中学生漢字」さえ

読み書きできれば日常生活で困ることはありません。逆に「中学生漢字」に含まれない漢字の読み書きができなくても、決して恥じる必要などないのです。

人間は忘れる動物ですから、漢字力に自信のある人でも、本書でもう一度常用漢字を確認してみることは大いに有効だと思います。

これら以外にも、本書の特長は多くあります。
(1)すべての熟語に意味を掲載→日本語の正確な使い方を確認し、語彙力を豊かする。
(2)四字熟語・慣用表現を掲載→語彙力が豊かになる。
(3)同意語・類義語・対義語・同音異義語などがわかる→ワープロの変換ミスを減らす。
(4)さまざまな形式の問題を掲載→漢字で頭の使い方を鍛えることができる。
(5)毎回10点満点×100回のテスト形式で楽しめる。

本書1冊で、日常で必要とされる漢字をもう一度見直し、日本語に対する不安を払拭し、語

彙力や表現力を豊かにし、頭を鍛えることができるのです。

まさに本当に役に立つ漢字の本です。

本書の最後に、難関校の入試問題を取り上げているので、ぜひ腕試しを。この１冊で思いっきり漢字を楽しんでください。

また、「漢字検定」「高校・大学入試対策」にも大いに威力を発揮します。

〈本書の利用法〉

大切なことは、問題を解く時に、その漢字が文脈の中でどのような意味で、どのように使われているかを考えることです。そのことで、語彙力が増すだけでなく、正しい日本語の使い方も習得することができます。

解き終わったら、裏ページの答えを見て採点すること。その時、漢字の意味も合っていたかどうか確認してください。

点数をつけたなら、間違った漢字を下の空欄に書き入れること。

233ページに得点集計表があるので、そこにも点数を記入してください。

　本書を繰り返し用いて、せめて中学生漢字は完全に習得していただきたいのですが、すでに習得している簡単な漢字を一から解き直す必要はありません。

　そこで、得点集計表を見て、点数の低いテストからやり直せば効果的です。しかも、できなかった漢字は空所に自分で書き入れているので、それを集中的に頭に叩き込むことができます。

出口　汪

「書き取り」の答え
①諮問　②明　③起死回生　④体裁　⑤座右
⑥会心　⑦食傷　⑧塗布　⑨遺志　⑩最寄

「読み」の答え
①シンチョク　②シンラツ　③タイカン
④ホコロ（ブ）　⑤ジュンシュ　⑥カンバ（シイ）
⑦フカ　⑧ホウチク　⑨トクシ　⑩レンカ

もくじ

プロローグ ❷
第1章　書けないと恥をかく
　　　　常識漢字 ❾
第2章　読めないと恥をかく
　　　　常識漢字 ㊶
第3章　書けないと恥をかく
　　　　一字漢字 ㊷
第4章　読めないと恥をかく
　　　　一字漢字 ㊺
第5章　意外に書けない重要漢字 ㊼
第6章　意外に読めない重要漢字 ⓷
第7章　これが書けたら万全！
　　　　難漢字 ⓮
第8章　これが読めたら万全！
　　　　難漢字 ⓯
第9章　表現力がアップする
　　　　四字熟語 ⓰
第10章　同音異義語・対義語など、
　　　　語彙の攻略 ⓲
第11章　頭がよくなる漢字 ⓳
第12章　難関高校で出る漢字に挑戦！ ㉕
　　得点集計表 ㉝
　　おわりに ㉞

第1章

書けないと恥をかく常識漢字

ここでは書けないと恥をかく、常識的な漢字を扱います。どれも高校の入試問題からの出題なので、油断をしないように一つ一つ丁寧に確認しましょう。

もちろん完全正解を目指してください。間違った漢字は下の空欄に書き写し、完全に記憶しましょう。

イラスト／福島モンタ

問題 次の□に入る漢字を答えなさい。

★は「やや難」を示す。

第1回問題　　　目標10点（各1点）

① 優勝 □□(コウホ) に挙げられる。

② 演劇の練習に □□(センネン) した。★

③ 手の込んだ □□(サイク) をする。

④ 色を □□(キンイツ) に塗る。

⑤ 燃料切れを □□(ケイコク) するランプがつく。

⑥ □□(ハクラン) 会に行く。

⑦ 電車が □□(ケイテキ) を鳴らす。

⑧ 練習方法を □□(クフウ) する。

⑨ 仕事の □□(ヨウリョウ) を覚える。★

⑩ 史上初の □□(カイキョ) 。

第1回解答　　　　　　　　月　　日

① 優勝**候補**に挙げられる。
→将来、ある地位・身分を得る資格があること。

② 演劇の練習に**専念**した。
→一つのことに熱中し、没頭すること。

③ 手の込んだ**細工**をする。
→手先を使って細かいものを製作する。

④ 色を**均一**に塗る。
→どこもすべて等しいこと。

⑤ 燃料切れを**警告**するランプがつく。
→前もって注意をすること。

⑥ **博覧**会に行く。
→さまざまな物産、製品等を集めて展示し人々に見せる。

⑦ 電車が**警笛**を鳴らす。
→注意を促すために鳴らす音。

⑧ 練習方法を**工夫**する。
→あれこれと考えをめぐらすこと。

⑨ 仕事の**要領**を覚える。
→物事を処理するこつ。

⑩ 史上初の**快挙**。
→人から称賛される素晴らしい行動。

点　　　　まちがえたものはここに書き出す

第2回問題　　　　目標10点（各1点）

① 風鈴は夏の□□□(フウブツシ)だ。★

② 彼は□□(ハクシキ)をもって知られる。

③ 思慮□□(フンベツ)のある言動を心がける。★

④ 効果的な方法により□□(フッキン)を鍛える。

⑤ 飛行機の□□(ソウジュウ)には訓練が必要だ。

⑥ □□(メンミツ)な計画を立てる。★

⑦ 学園祭に□□(ショウタイ)する。

⑧ 価格は需要と□□(キョウキュウ)の関係で決まる。

⑨ □□(ジュウオウ)無尽に駆け回る。

⑩ 困難な局面を□□(ダハ)する。

第２回解答

①風鈴は夏の**風物詩**だ。
→その季節の特徴を表している物。

②彼は**博識**をもって知られる。
→知識が広く何でもよく知っていること。

③思慮**分別**のある言動を心がける。
→社会人としての道理をわきまえること。

④効果的な方法により**腹筋**を鍛える。
→腹の部分を形成している筋肉。

⑤飛行機の**操縦**には訓練が必要だ。
→機械などを思うとおりに動かすこと。

⑥**綿密**な計画を立てる。
→見落としがなく念入りなこと。

⑦学園祭に**招待**する。
→招いてもてなすこと。

⑧価格は需要と**供給**の関係で決まる。
→販売のために生産者が商品を市場に出すこと。

⑨**縦横**無尽に駆け回る。
→「縦横無尽」で、自由自在。

⑩困難な局面を**打破**する。
→障害や困難などを打ち破ること。

点

まちがえたものはここに書き出す

第3回問題　　　目標10点（各1点）

① ◯◯ した演技を見る。【エンジュク】

② 大統領を ◯◯ する。【ゴエイ】

③ 優れた ◯◯ をたたえる。【コウセキ】

④ 時代の ◯◯ に乗る。【チョウリュウ】★

⑤ 明日の試合は ◯◯ を期待する。【フンキ】★

⑥ ◯◯ だてて話す。【ケイトウ】

⑦ 彼の ◯◯ を受け入れる。【テイアン】

⑧ 権力を ◯◯ する。【コジ】

⑨ 委員長への就任を ◯◯ した。【コジ】

⑩ 調査のために ◯◯ を図る。【ベンギ】★

15

第3回解答

① **円熟**した演技を見る。
→芸などが上達し、豊かな内容になること。

② 大統領を**護衛**する。
→付き添って守ること。

③ 優れた**功績**をたたえる。
→社会的に意義のある大きな働き。

④ 時代の**潮流**に乗る。
→世の中のなりゆき、動き。

⑤ 明日の試合は**奮起**を期待する。
→頑張ろうと、奮い立つこと。

⑥ **系統**だてて話す。
→一定の順序に従った、まとまりのあるつながり。

⑦ 彼の**提案**を受け入れる。
→提出された議案や考え。

⑧ 権力を**誇示**する。
→得意気に見せびらかすこと。

⑨ 委員長への就任を**固辞**した。
→固い決意で辞退すること。

⑩ 調査のために**便宜**を図る。
→特別な取り計らい。

点

まちがえたものはここに書き出す

第4回問題　　　目標10点（各1点）

① 次の[テイリュウ]所で降りる。

② [ヒサク]を練る。

③ [カクチョウ]の高い文章。★

④ [カンゲイ]会でのマナーを守る。

⑤ 肥沃な[ドジョウ]に恵まれた土地。

⑥ 相手チームの[テイサツ]を行った。

⑦ 相手の要求を[ショウダク]した。★

⑧ 全身をばねにして[チョウヤク]した。

⑨ 終始[イッカン]した態度を取る。

⑩ 先端技術を[クシ]する。★

第4回解答

① 次の**停留**所で降りる。
→「停留所」で、バスなどの客が乗り降りするための場所。

② **秘策**を練る。
→だれにも知らせない秘密のはかりごと。

③ **格調**の高い文章。
→詩歌や文章の表現が持つ品格。

④ **歓迎**会でのマナーを守る。
→「歓迎会」で、喜んで迎えるために開かれる会。

⑤ 肥沃な**土壌**に恵まれた土地。
→作物の育つ土地。

⑥ 相手チームの**偵察**を行った。
→敵や相手の動静などをひそかに探ること。

⑦ 相手の要求を**承諾**した。
→相手からの要求などを了解して引き受けること。

⑧ 全身をばねにして**跳躍**した。
→飛び上がること。

⑨ 終始**一貫**した態度を取る。
→「終始一貫」で、最初から最後まで貫き通すこと。

⑩ 先端技術を**駆使**する。
→自分の思いどおりに自由に使いこなすこと。

点　　　まちがえたものはここに書き出す

第5回問題　　目標10点（各1点）

①式典に□□する。（レッセキ）

②熱帯魚を□□する。★（カンショウ）

③□□を厳重にする。（ケイビ）

④興奮して顔が□□する。（コウチョウ）

⑤文章を□□にまとめる。（カンケツ）

⑥□□師を目指す。（カンゴ）

⑦□□な審査を行う。（ゲンミツ）

⑧文学作品の□□をする。（ヒョウロン）

⑨明日は雪になる□□だ。（モヨウ）

⑩あの兄弟の性格は□□的だ。★（タイショウ）

第5回解答

① 式典に**列席**する。
→関係者の一人として出席すること。

② 熱帯魚を**鑑賞**する。
→美しいものなどを見て楽しむこと。

③ **警備**を厳重にする。
→緊急事態に備えて警戒すること。

④ 興奮して顔が**紅潮**する。
→顔に赤みがさすこと。

⑤ 文章を**簡潔**にまとめる。
→簡単で要点がまとまっているようす。

⑥ **看護**師を目指す。
→「看護師」で、病人やけが人の手当てや世話をする人。

⑦ **厳密**な審査を行う。
→細かなところまで厳しく注意が行き届いているようす。

⑧ 文学作品の**評論**をする。
→作品などのよしあしについて自分の意見を述べること。

⑨ 明日は雪になる**模様**だ。
→ようす。状況。

⑩ あの兄弟の性格は**対照**的だ。
→「対照的」で、二つのものの違いが際立っているようす。

点

まちがえたものはここに書き出す

第6回問題   目標10点（各1点）

① バスが□□(リッキョウ)を渡る。

② □□(チンタイ)住宅で暮らす。

③ この劇は第二幕が□□(アッカン)だ。★

④ 試合に□□(ショウジュン)を合わせて練習する。

⑤ 正直に□□(ハクジョウ)する。

⑥ コピー機で原稿を□□(フクシャ)する。

⑦ 式典で□□(シュクジ)を述べる。

⑧ 会社の人事を□□(サッシン)する。★

⑨ 詩の□□(ロウドク)を味わった。

⑩ □□(ハクボ)の空にビル群が浮かぶ。

第6回解答

① バスが**陸橋**を渡る。
→道路や鉄道線路の上に渡した橋。

② **賃貸**住宅で暮らす。
→使用料をとって貸すこと。

③ この劇は第二幕が**圧巻**だ。
→書物や催し物の中で最も素晴らしい部分。

④ 試合に**照準**を合わせて練習する。
→ある目標に合わせてねらいを定めること。

⑤ 正直に**白状**する。
→自分の悪事や隠し事などを人前で述べること。

⑥ コピー機で原稿を**複写**する。
→もとの文書や写真などと同じものを写しとること。

⑦ 式典で**祝辞**を述べる。
→お祝いの言葉。

⑧ 会社の人事を**刷新**する。
→悪い点を改めてすっかり新しくすること。

⑨ 詩の**朗読**を味わった。
→詩や文章を声に出して読むこと。

⑩ **薄暮**の空にビル群が浮かぶ。
→夕暮れ。たそがれ。

第7回問題　　目標10点（各1点）

① 目標達成は□□(シナン)のわざだ。★

② 記念碑の□□(ジョマク)式が行われた。

③ 友人と□□(ザツダン)する。

④ チームの中で□□(トウカク)を現す。

⑤ □□(ボウサイ)訓練をする。

⑥ 内閣の□□(シジ)率が上がる。

⑦ □□(センモン)家から教わる。★

⑧ レストランを□□(シンキ)に開業する。

⑨ 公園を□□(サンサク)する。

⑩ 計画の□□(コンカン)をなす考え。

第7回解答

月　　日

① 目標達成は**至難**のわざだ。
→この上なく難しいようす。

② 記念碑の**除幕**式が行われた。
→記念碑などができた時に幕を除いて披露する。

③ 友人と**雑談**する。
→とりとめもない話。

④ チームの中で**頭角**を現す。
→「頭角を現す」で、才能などが抜きんでてすぐれる。

⑤ **防災**訓練をする。
→災害を防止すること。

⑥ 内閣の**支持**率が上がる。
→考え・行動などに賛成し、応援すること。

⑦ **専門**家から教わる。
→一つの事のみを研究・担当すること。

⑧ レストランを**新規**に開業する。
→新しく何かをすること。

⑨ 公園を**散策**する。
→散歩。ぶらぶら歩くこと。

⑩ 計画の**根幹**をなす考え。
→物事の最も重要な部分。

第8回問題　　　目標10点（各1点）

① 今後の身の◻◻（キョシュウ）に迷う。

② 二列◻◻（ジュウタイ）で歩く。

③ 成果を◻◻（ホウコク）する。

④ ◻◻（シュウチ）の事実。

⑤ 社長の◻◻（エイダン）を支持する。★

⑥ 桜の◻◻（ジュヒ）で布を染める。

⑦ 交通が◻◻（キセイ）される。

⑧ 有機◻◻（ヒリョウ）による野菜栽培。

⑨ 通勤手当が◻◻（シキュウ）される。

⑩ ◻◻（タイゼン）とした態度。★

第8回解答

① 今後の身の**去就**に迷う。
→地位や役目などから去るか留まるか。

② 二列**縦隊**で歩く。
→縦に並んだ列。

③ 成果を**報告**する。
→述べて知らせること。

④ **周知**の事実。
→大勢の人に知れ渡っていること。

⑤ 社長の**英断**を支持する。
→すぐれた決断。きっぱりと物事を決めること。

⑥ 桜の**樹皮**で布を染める。
→樹木の外側の皮。

⑦ 交通が**規制**される。
→規則に従って何かを制限すること。

⑧ 有機**肥料**による野菜栽培。
→農作物の生長のために土中にほどこす栄養分。

⑨ 通勤手当が**支給**される。
→官庁・会社などが職員・社員に給料や物を払い渡すこと。

⑩ **泰然**とした態度。
→落ち着いていて物事に動じないようす。

点

まちがえたものはここに書き出す

第9回問題　　　目標10点（各1点）

① 総合と分析。★

② 小踊りをして喜ぶ。

③ 丘陵地帯の多い地域。

④ 鋭利な刃物。

⑤ 富裕な人々の集まる住宅。

⑥ 被告が裁判所に出廷する。

⑦ 既成事実を積み重ねる。★

⑧ 彼は純粋な心の持ち主だ。

⑨ 伝達事項を黒板に書く。

⑩ 油断することなく仕事をする。

第9回解答

① 総合と**分析**。
→複雑な物事を各要素に分け、全体の構成を明らかにすること。

② **小躍**りをして喜ぶ。
→喜んで飛んだり跳ねたりすること。

③ **丘陵**地帯の多い地域。
→起伏が少なく、緩やかに傾斜している土地。

④ **鋭利**な刃物。
→鋭くてよく切れるようす。

⑤ **富裕**な人々の集まる住宅。
→お金があって、生活が豊かなようす。

⑥ 被告が裁判所に**出廷**する。
→法廷に出席すること。

⑦ **既成**事実を積み重ねる。
→すでにできあがり現実にそうなっていること。

⑧ 彼は**純粋**な心の持ち主だ。
→考えや行動に私利私欲がないようす。

⑨ **伝達**事項を黒板に書く。
→連絡事項などを伝え知らせること。

⑩ **油断**することなく仕事をする。
→気を許して注意を怠ること。

点　　まちがえたものはここに書き出す

第10回問題　　目標10点（各1点）

①新聞社が美術展に□□(キョウサン)する。

②彼は□□(メイロウ)な青年だ。

③金の□□(コウミャク)を掘り当てる。

④道路□□(ヒョウシキ)を設置する。

⑤バスの□□(ザセキ)をゆずる

⑥□□(ツウカイ)な冒険小説。

⑦会議が□□(ナンコウ)する。

⑧ご□□(ソクロウ)を願う。★

⑨□□□(ムゾウサ)に置かれた本。

⑩間違いを□□(シテキ)する。★

第10回解答

① 新聞社が美術展に**協賛**する。
→計画などの趣旨に賛成し、援助すること。

② 彼は**明朗**な青年だ。
→明るくてほがらかなようす。

③ 金の**鉱脈**を掘り当てる。
→岩石のすき間にできた板状の鉱床。

④ 道路**標識**を設置する。
→目じるし。

⑤ バスの**座席**をゆずる
→すわる席。

⑥ **痛快**な冒険小説。
→気持ちが晴れ晴れするようす。

⑦ 会議が**難航**する。
→物事が順調に進まないこと。

⑧ ご**足労**を願う。
→足を運ばせること。

⑨ **無造作**に置かれた本。
→気軽にするようす。

⑩ 間違いを**指摘**する。
→誤りや問題点などを取り上げて示すこと。

第11回問題 　　　目標10点（各1点）

①生徒会長の実行力に□□する。(ケイフク)

②大使に全権を□□する。★(イニン)

③大きな組織に□□する。(ジュウゾク)

④草原で牛を□□する。(ホウボク)

⑤機械が□□する。(コショウ)

⑥社会の□□に逆らう。★(フウチョウ)

⑦□□な機械。(セイミツ)

⑧故人を□□する。(ツイオク)

⑨彼は□□を許さない。★(ダキョウ)

⑩大陸からの□□に見舞われる。(カンパ)

第11回解答

① 生徒会長の実行力に**敬服**する。
→尊敬して感心すること。

② 大使に全権を**委任**する。
→他人にゆだねて任せること。

③ 大きな組織に**従属**する。
→自分より大きなものにつき従うこと。

④ 草原で牛を**放牧**する。
→牛や馬などを放し飼いにすること。

⑤ 機械が**故障**する。
→機械などの機能が正常に働かなくなること。

⑥ 社会の**風潮**に逆らう。
→世の中の傾向。

⑦ **精密**な機械。
→細かい点まで正確に作られていること。

⑧ 故人を**追憶**する。
→亡くなった人のことや過去の出来事を懐かしく思うこと。

⑨ 彼は**妥協**を許さない。
→お互いに譲り合って話をまとめること。

⑩ 大陸からの**寒波**に見舞われる。
→冷たい気団が移動してきて、激しい寒気が襲う現象。

点

まちがえたものはここに書き出す

第12回問題　　目標10点（各1点）

① <ruby>郵便<rt>ユウビン</rt></ruby>番号を調べる。

② 外国との<ruby>貿易<rt>ボウエキ</rt></ruby>を盛んにする。

③ 教科書の<ruby>巻末<rt>カンマツ</rt></ruby>の資料を活用する。

④ 旅行で家を<ruby>留守<rt>ルス</rt></ruby>にする。

⑤ 集団の<ruby>結束<rt>ケッソク</rt></ruby>を図る。

⑥ <ruby>回忌<rt>カイキ</rt></ruby>祝いを送る。★

⑦ 新聞広告で<ruby>宣伝<rt>センデン</rt></ruby>する。

⑧ 道路を<ruby>拡張<rt>カクチョウ</rt></ruby>する。

⑨ 社会<ruby>保障<rt>ホショウ</rt></ruby>の充実を図る。★

⑩ 努力が<ruby>徒労<rt>トロウ</rt></ruby>に終わる。★

第12回解答

① **郵便**番号を調べる。
→「郵便番号」で、郵便物の配達区域を番号で表したもの。

② 外国との**貿易**を盛んにする。
→外国と商業取引を行うこと。

③ 教科書の**巻末**の資料を活用する。
→書籍や巻物の終わりの部分。

④ 旅行で家を**留守**にする。
→外に出ていて家にいないこと。

⑤ 集団の**結束**を図る。
→固く結びつくこと。

⑥ **快気**祝いを送る。
→病気が治ること。

⑦ 新聞広告で**宣伝**する。
→商品やサービスを人々に説明して知ってもらうこと。

⑧ 道路を**拡張**する。
→範囲や規模などを広げて大きくすること。

⑨ 社会**保障**の充実を図る。
→命や権利などが侵されないよう守ること。

⑩ 努力が**徒労**に終わる。
→むだな骨折り。

点　　まちがえたものはここに書き出す

第13回問題　　目標10点（各1点）

① [腹心]の部下。★

② 適切な[処置]をする。

③ [包丁]を研ぐ。

④ 彼は兄に対して[従順]過ぎる。

⑤ 日本的[情緒]を大切にする。

⑥ 用紙は[市販]のものを使う

⑦ [率先]して手伝う。★

⑧ 実力を[発揮]する。

⑨ 話が[重複]する。

⑩ [至上]命令。

第13回解答

① **腹心**の部下。
→心の奥底。「腹心の部下」で、心から信頼している下位の人。

② 適切な**処置**をする。
→取り扱い。処理。医療上の手当てなど。

③ **包丁**を研ぐ。
→料理などに使う刃物。

④ 彼は兄に対して**従順**過ぎる。
→おとなしくて素直。

⑤ 日本的**情緒**を大切にする。
→感動や特別な思いを誘う雰囲気。

⑥ 用紙は**市販**のものを使う。
→商店で販売されているもの。

⑦ **率先**して手伝う。
→他のものより先に行うこと。「卒先」は誤り。

⑧ 実力を**発揮**する。
→持っている力や特性を現すこと。

⑨ 話が**重複**する。
→同じことが何度も重なること。「じゅうふく」とも読む。

⑩ **至上**命令。
→この上もないこと。「至上命令」で絶対従わねばならない命令。

まちがえたものはここに書き出す

第14回問題　　　目標10点（各1点）

① サッカー部に□□（ショゾク）している。

②「山」というのは□□（ショウケイ）文字である。★

③ 文化□□（イサン）を守る。

④ □□（ケイセツ）の功を積む。

⑤ 将来の□□（ホウフ）を語る。

⑥ 人工□□（エイセイ）。

⑦ 血管の□□（シュウシュク）。

⑧ □□（ハクジツ）のもとにさらされる。

⑨ 複雑な事情が□□（カイザイ）している。★

⑩ □□（タンセイ）を込めて野菜を栽培する。

第14回解答

① サッカー部に**所属**している。
→ある組織や団体に加入していること。

② 「山」というのは**象形**文字である。
→物の形をかたどること。

③ 文化**遺産**を守る。
→先人が作った現代に残る文化財。

④ **蛍雪**の功を積む。
→苦労して学問をすること。

⑤ 将来の**抱負**を語る。
→心の中に抱いている希望や方針・計画。

⑥ 人工**衛星**。
→惑星の周りを巡る天体(例:地球に対する月)。

⑦ 血管の**収縮**。
→引き締まってちぢまること。

⑧ **白日**のもとにさらされる。
→くもりのない日の光。

⑨ 複雑な事情が**介在**している。
→物事の間や内部に交渉などを妨げるものがあること。

⑩ **丹精**を込めて野菜を栽培する。
→心を込めて丁寧に行うこと。

第15回問題 目標10点（各1点）

① 彼は大器**晩成**の人だ。

② 先生の一言に**発奮**する。

③ 人の**感心**を買う。

④ **中傷画**を鑑賞する。

⑤ **温厚**な人柄。★

⑥ 前向きな生き方を日々**念頭**に置く。

⑦ **穀物**を蓄える。

⑧ 彼の発言が**物議**を醸した。★

⑨ 一部を**割愛**した。

⑩ それは**衆目**の一致するところだ。★

第15回解答

① 彼は大器**晩成**の人だ。
→時間を重ねたのちできあがること。

② 先生の一言に**発憤**する。
→精神をふるいたたせること。「発奮」とも書く。

③ 人の**歓心**を買う。
→「歓心を買う」で、気に入られようとする。

④ **抽象画**を鑑賞する。
→具体的な対象を描かず色・線や面などから表現する絵画。

⑤ **温厚**な人柄。
→おだやかで優しいこと。

⑥ 前向きな生き方を日々**念頭**に置く。
→胸の内。

⑦ **穀物**を蓄える。
→主食となる米や麦、トウモロコシ、豆などの作物。

⑧ 彼の発言が**物議**を醸した。
→世間の人々の間で交わされる議論。

⑨ 一部を**割愛**した。
→惜しいと思いながら省略すること。

⑩ それは**衆目**の一致するところだ。
→多くの人々の見るところ。

まちがえたものはここに書き出す

第2章

読めないと恥をかく
常識漢字

読めないと恥をかく、常識漢字です。ただし、意外に読み方を間違って記憶していたり、思い違いをしたりしていることも多々あるものです。簡単な漢字を読み間違うと、あなたの教養を疑われかねません。一つ一つしっかりと確認しましょう。

問題 **次の□の漢字の読みを答えなさい。**

★は「やや難」を示す。

第16回問題　　　目標10点（各1点）

①高級品として**珍重**する。★

②**時雨**模様の天気が続く。

③**畏怖**の念を抱く。★

④文集としての**体裁**を整える。

⑤**感涙**にむせぶ。

⑥**稚拙**な字を書く。★

⑦**峡谷**を風が吹き抜ける。

⑧森林を**濫伐**してはいけない。

⑨投手が**緩急**をつけた投球をする。

⑩**定石**どおり物事を進める。

第16回解答

① 高級品として**チンチョウ**する。
→珍しがって大切にすること。

② **シグレ**模様の天気が続く。
→秋の終わりから冬にかけて断続的に降る小雨。

③ **イフ**の念を抱く。
→恐れ怖がること。

④ 文集としての**テイサイ**を整える。
→一定の形。

⑤ **カンルイ**にむせぶ。
→感激して流す涙。

⑥ **チセツ**な字を書く。
→幼稚でへたなようす。

⑦ **キョウコク**を風が吹き抜ける。
→険しい山に囲まれた幅が狭く深い谷。

⑧ 森林を**ランバツ**してはいけない。
→山林の樹木をむやみに切り倒すこと。

⑨ 投手が**カンキュウ**をつけた投球をする。
→ゆるいこととはやいこと。

⑩ **ジョウセキ**どおり物事を進める。
→物事を処理するときの決まったやり方。

第17回問題　　　目標10点（各1点）

① **真綿**は軽くて保温力が高い。

② 作文を**添削**してもらう。

③ **雅楽**の演奏を聴いた。

④ **曖昧**な態度を取る。

⑤ **率直**に意見を述べる。★

⑥ 16歳で師匠の**弟子**となる。

⑦ **卓越**した運動能力の持ち主。

⑧ 開会式で**宣誓**する。

⑨ **爽快**な気分になる。★

⑩ 申請書に顔写真を**添付**する。★

第17回解答

①マワタは軽くて保温力が高い。
→くずまゆを伸ばして綿のようにしたもの。

②作文をテンサクしてもらう。
→文章などを削ったり付け加えたりして直すこと。

③ガガクの演奏を聴いた。
→宮廷音楽として伝承されてきた日本古来の音楽や舞。

④アイマイな態度を取る。
→はっきりしないようす。

⑤ソッチョクに意見を述べる。
→飾り気がなく、ありのままのようす。

⑥16歳で師匠のデシとなる。
→教えや技芸を受ける人。

⑦タクエツした運動能力の持ち主。
→他より抜きんでてすぐれていること。

⑧開会式でセンセイする。
→誓いの言葉を述べること。

⑨ソウカイな気分になる。
→さわやかで気分のよいようす。

⑩申請書に顔写真をテンプする。
→書類などに、補足するため付け添えること。

点　　まちがえたものはここに書き出す

第18回問題　　　目標10点（各1点）

①手洗いを励行する。★

②昔からの習慣を踏襲する。

③海外に赴任する。

④規制が緩和された。

⑤自然の恵みを享受する。★

⑥崇高な理念をかかげる。

⑦近代オリンピック発祥の地。

⑧皆に是非を問う。★

⑨哀愁のあるメロディー。

⑩便宜を図る。

第18回解答

①手洗いを**レイコウ**する。
→努力して行うこと。

②昔からの習慣を**トウシュウ**する。
→それまでのやり方を受け継いで行うこと。

③海外に**フニン**する。
→任地におもむくこと。

④規制が**カンワ**された。
→厳しい状態をゆるめること。

⑤自然の恵みを**キョウジュ**する。
→受け入れて楽しむこと。

⑥**スウコウ**な理念をかかげる。
→気高くて尊いようす。

⑦近代オリンピック**ハッショウ**の地。
→事が起こり始まること。

⑧皆に**ゼヒ**を問う。
→よいことと悪いこと。

⑨**アイシュウ**のあるメロディー。
→もの悲しい思い。

⑩**ベンギ**を図る。
→特別な取り計らい。

第19回問題　　　目標10点（各1点）

① 自然の **恩恵** を受ける。

② **名残** 惜しそうに場を離れる。★

③ 美しい音楽に **陶酔** する。

④ 旅行先でその土地の **銘菓** を買う。

⑤ **麦芽** を原料とした食品。

⑥ 珍しい図書を **閲覧** する。

⑦ この地域は **養蚕** が盛んだ。★

⑧ 社会に **警鐘** を鳴らす。

⑨ **寸暇** を惜しんで研究に取り組む

⑩ 資格を取ることを **奨励** する。

第19回解答

月　　日

① 自然の**オンケイ**を受ける。
→自然や人から受けるめぐみ。

② **ナゴリ**惜しそうに場を離れる。
→過ぎ去るときの心残り。

③ 美しい音楽に**トウスイ**する。
→すっかり心をひきつけられてしまうこと。

④ 旅行先でその土地の**メイカ**を買う。
→名のある菓子。

⑤ **バクガ**を原料とした食品。
→大麦を発酵させたもの。ビールや水あめなどの原料。

⑥ 珍しい図書を**エツラン**する。
→書籍や雑誌、新聞などを調べ読むこと。

⑦ この地域は**ヨウサン**が盛んだ。
→蚕を飼ってまゆをとること。

⑧ 社会に**ケイショウ**を鳴らす。
→危険を知らせ警戒を促すために打つ鐘。

⑨ **スンカ**を惜しんで研究に取り組む。
→わずかな時間。

⑩ 資格を取ることを**ショウレイ**する。
→勧めて励ますこと。

点　　　　まちがえたものはここに書き出す

第20回問題　　　目標10点（各1点）

①冬の海は閑散としていた。

②収入と支出の均衡を保つ。

③抑揚をつけて話す。★

④史実に準拠した小説。

⑤湖水に紅葉が映える。

⑥辺りが静寂に包まれる。

⑦謹んで哀悼の意を表する。★

⑧主人公の悲哀がただよう。

⑨今年の夏に帰省する。★

⑩作家としての技法を会得した。

第20回解答

①冬の海は**カンサン**としていた。
→人もまばらで静かなようす。

②収入と支出の**キンコウ**を保つ。
→複数の物事の間でつり合いが取れること。

③**ヨクヨウ**をつけて話す。
→音楽や音声・言葉などに上げ下げをつけること。

④史実に**ジュンキョ**した小説。
→よりどころとして従うこと。

⑤湖水に**コウヨウ**が映える。
→秋に広葉樹の葉が赤くなること。「もみじ」とも読む。

⑥辺りが**セイジャク**に包まれる。
→静かでさみしいこと。

⑦謹んで**アイトウ**の意を表する。
→人の死を悲しみなげくこと。

⑧主人公の**ヒアイ**がただよう。
→悲しみ。あわれ。

⑨今年の夏に**キセイ**する。
→故郷に帰ること。

⑩作家としての技法を**エトク**した。
→理解して自分のものとすること。

点　　　まちがえたものはここに書き出す

第21回問題　　目標10点（各1点）

①会議は**紛糾**した。

②クーデターが**勃発**した。

③法律を**遵守**する。★

④**安泰**な境遇。

⑤**横柄**な態度をとる。★

⑥**吐血**して倒れる。

⑦宝を掘り当て**仰天**した。

⑧税金を**賦課**する。

⑨**夕映**えの山並み。★

⑩**素描**による作品。

第21回解答

①会議はフンキュウした。
→物事がもつれて乱れること。

②クーデターがボッパツした。
→事件や争いごとが突然起こること。

③法律をジュンシュする。
→教えや規則などをよく守ること。

④アンタイな境遇。
→安全で無事なこと。

⑤オウヘイな態度をとる。
→偉そうな態度で無礼なようす。

⑥トケツして倒れる。
→血を吐くこと。

⑦宝を掘り当てギョウテンした。
→ひどく驚くこと。「びっくり仰天」など。

⑧税金をフカする。
→税金や労働などを割り当てて負担させること。

⑨ユウバえの山並み。
→夕日を受けてものが照り輝くこと。

⑩ソビョウによる作品。
→線画。デッサン。

まちがえたものはここに書き出す

第22回問題　　　目標10点（各1点）

①和洋**折衷**の料理。★

②**遮光**カーテンに換える。

③経営陣のミスを**糾弾**する。

④**平穏**な毎日を過ごす。★

⑤優勝するまでの**軌跡**をたどる。

⑥心身の**鍛練**を怠らない。

⑦**乱舞**する白鳥の姿に感動した。

⑧綱を**手繰**り寄せる。

⑨外国に社員を**派遣**する。

⑩空き地に**繁茂**した雑草。★

第22回解答

① 和洋セッチュウの料理。
→複数の異なるものを調和させること。

② シャコウカーテンに換える。
→光をさえぎること。

③ 経営陣のミスをキュウダンする。
→罪や失敗の責任を追及すること。

④ ヘイオンな毎日を過ごす。
→おだやかで安らか。

⑤ 優勝するまでのキセキをたどる。
→たどったあと。

⑥ 心身のタンレンを怠らない。
→激しいけいこを積んできたえること。

⑦ ランブする白鳥の姿に感動した。
→入り乱れて舞うようす。

⑧ 綱をタグリ寄せる。
→両手を交互に動かして引き寄せること。

⑨ 外国に社員をハケンする。
→任務を与えてある場所に行かせること。

⑩ 空き地にハンモした雑草。
→草や木がおいしげること。

点

まちがえたものはここに書き出す

第23回問題　　目標10点（各1点）

①午前の札幌便に**搭乗**する。

②棚に**陳列**された商品。

③記念品が**贈呈**される。

④**敏速**な行動をとろう。

⑤練習の成果を**披露**する。

⑥理不尽な決定には**首肯**できない。★

⑦クラスの団結心を**鼓吹**する。

⑧批判も黙って**甘受**する。★

⑨悪徳業者を業界から**放逐**する。★

⑩それは**有象無象**の一つだ。

第23回解答

① 午前の札幌便に**トウジョウ**する。
→飛行機や船舶に乗り込むこと。

② 棚に**チンレツ**された商品。
→人々に見せるために物を並べること。

③ 記念品が**ゾウテイ**される。
→人に物などを贈ること。

④ **ビンソク**な行動をとろう。
→素早いこと。

⑤ 練習の成果を**ヒロウ**する。
→広く発表すること。

⑥ 理不尽な決定には**シュコウ**できない。
→承知すること。

⑦ クラスの団結心を**コスイ**する。
→元気づけ、励ますこと。

⑧ 批判も黙って**カンジュ**する。
→甘んじて受けること。

⑨ 悪徳業者を業界から**ホウチク**する。
→追い払うこと。

⑩ それは**ウゾウムゾウ**の一つだ。
→価値のないもの、つまらないもの。

点

まちがえたものはここに書き出す

第24回問題　　目標10点（各1点）

① そりで雪の上を **滑走** する。

② 飛行機が上空で **旋回** する。

③ **既成** の考え方を棄てる。

④ **軽率** な行動を慎む。★

⑤ **脈絡** のない文章。

⑥ 辺りに **芳香** が漂う。

⑦ 鉄分を **含有** する食品。

⑧ 産業の **振興** を図る。

⑨ 軽く **会釈** する。★

⑩ 子どもの **分際** で生意気だ。

第24回解答

① そりで雪の上を**カッソウ**する。
→すべって前に進むこと。

② 飛行機が上空で**センカイ**する。
→円を描くようにくるくる回ること。

③ **キセイ**の考え方を棄てる。
→すでにできあがっていて世の中に通用していること。

④ **ケイソツ**な行動を慎む。
→軽はずみ。注意せずに取り組むこと。

⑤ **ミャクラク**のない文章。
→前後のつながり。

⑥ 辺りに**ホウコウ**が漂う。
→よいかおり。

⑦ 鉄分を**ガンユウ**する食品。
→成分として中に含んでいること。

⑧ 産業の**シンコウ**を図る。
→盛んにすること。

⑨ 軽く**エシャク**する。
→軽く頭を下げて礼をすること。

⑩ 子どもの**ブンザイ**で生意気だ。
→身分。身のほど。

点

まちがえたものはここに書き出す

第25回問題　　目標10点（各1点）

① **木綿**の布。

② 船が大**海原**を進む。

③ **婚姻**届を提出する。

④ **養鶏**場を見学する。

⑤ 食事の**支度**をする。★

⑥ 人権を**擁護**する。

⑦ 議論が**沸騰**する。

⑧ 美しい**渓流**。

⑨ **登用**試験に合格した。

⑩ 母の**柔和**な顔を思い出す。★

第25回解答

①モメンの布。
→わたの種にくっついている白色の繊維。

②船が大ウナバラを進む。
→広々とした海。

③コンイン届を提出する。
→結婚すること。「結婚」の法律用語。

④ヨウケイ場を見学する。
→肉や卵をとるために鶏を飼育すること。

⑤食事のシタクをする。
→あることをするための用意・準備。

⑥人権をヨウゴする。
→かばって守ること。

⑦議論がフットウする。
→盛り上がること。

⑧美しいケイリュウ。
→谷川。

⑨トウヨウ試験に合格した。
→人材を選んで地位や役職を引きあげること。

⑩母のニュウワな顔を思い出す。
→表情などが優しくおとなしいようす。

点　　　まちがえたものはここに書き出す

第26回問題 目標10点（各1点）

① **雪辱**を果たす。

②新聞に投書が**掲載**される。

③適切な**措置**をとる。

④資料を**頒布**する。★

⑤一部分を**抜粋**する。

⑥**当該**の部署はどこだ。

⑦これまでの方針を**転換**する。

⑧大会の**詳細**を知らせる。

⑨定期券を**拾得**する。★

⑩湯治場で**怪我**を治す。

第26回解答

① セツジョクを果たす。
→名誉を取り戻すこと。

② 新聞に投書がケイサイされる。
→新聞や雑誌に文章などを載せること。

③ 適切なソチをとる。
→取り計らい。

④ 資料をハンプする。
→広く配布すること。

⑤ 一部分をバッスイする。
→文章などから必要なところを抜き出すこと。

⑥ トウガイの部署はどこだ。
→それを受け持っている。当の。

⑦ これまでの方針をテンカンする。
→方針ややり方などを別な方向に変えること。

⑧ 大会のショウサイを知らせる。
→詳しく細かなこと。

⑨ 定期券をシュウトクする。
→落とし物をひろうこと。

⑩ 湯治場でケガを治す。
→負傷。きず。

点　　まちがえたものはここに書き出す

第27回問題　　　目標10点（各1点）

① **卸値** の高騰が続く。

② **汚職** を糾弾した新聞記事。

③ 結婚式での主賓の **挨拶**。

④ 人々が **五月雨** 式にやってくる。

⑤ 外出せずに **服喪** する。

⑥ 功労者を **顕彰** する。

⑦ **穏当** な意見を述べる。★

⑧ 旅先で **知己** に出会う。★

⑨ 隣のねこの **仕業**。

⑩ **度重** なる事故。

第27回解答

①**オロシネ**の高騰が続く。
→問屋が小売店に売る商品の値段。

②**オショク**を糾弾した新聞記事。
→職権を利用してわいろを取るなど不正を行うこと。

③結婚式での主賓の**アイサツ**。
→儀式などのときに述べる言葉。

④人々が**サミダレ**式にやってくる。
→陰暦五月の長雨。「五月雨式」で、断続的に続くこと。

⑤外出せずに**フクモ**する。
→近身者などが死んでから一定の間、身を慎しむこと。

⑥功労者を**ケンショウ**する。
→立派なことを広く知らせ表彰すること。

⑦**オントウ**な意見を述べる。
→おだやかで無理のないようす。

⑧旅先で**チキ**に出会う。
→知り合い。友人。

⑨隣のねこの**シワザ**。
→行い。ふるまい。

⑩**タビカサ**なる事故。
→何度も同じことが続いて起こること。

第28回問題　　目標10点（各1点）

① **性懲**りもなく繰り返す。★

② **世間体**を気にする。

③ 人生の**岐路**に立たされる。★

④ 誰にでも**重宝**がられる。

⑤ **公家**の文化が発展する。

⑥ 多彩な技を**駆使**する。★

⑦ **穏健**な人柄。

⑧ 事件の真相を**暴露**する。

⑨ 再審の請求が**棄却**された。

⑩ 地域の発展に**尽力**した。

第28回解答

① ショウコリもなく繰り返す。
→「性懲りもなく」で、失敗にこりず同じことを繰り返す。

② セケンテイを気にする。
→世間に対する体裁・みえ。

③ 人生のキロに立たされる。
→分かれ道。

④ 誰にでもチョウホウがられる。
→便利で役に立つこと。

⑤ クゲの文化が発展する。
→朝廷に仕える人。

⑥ 多彩な技をクシする。
→自在に使いこなすこと。

⑦ オンケンな人柄。
→おだやかでしっかりしているようす。

⑧ 事件の真相をバクロする。
→秘密などをあばき出すこと。

⑨ 再審の請求がキキャクされた。
→裁判所が受けた訴訟内容を却下し、無効とすること。

⑩ 地域の発展にジンリョクした。
→力を尽くすこと。努力すること。

点

まちがえたものはここに書き出す

68

第29回問題　　　目標10点（各1点）

① そんなに**卑下**しなくてもいい。

② 川が**蛇行**する。

③ **是認**する。★

④ **勾配**がきつい。

⑤ 聞くだけ**野暮**なことだ。

⑥ **安閑**とはしていられない。★

⑦ 相手に**迎合**してはいけない。

⑧ 物語の**発端**。

⑨ 予算を**暫定**的に組む。

⑩ **漆塗**りの器。

第29回解答

① そんなに**ヒゲ**しなくてもいい。
　→へりくだること。

② 川が**ダコウ**する。
　→川や道がヘビのようにうねっていること。

③ **ゼニン**する。
　→よいと認めること。

④ **コウバイ**がきつい。
　→傾き。

⑤ 聞くだけ**ヤボ**なことだ。
　→世間の事情にうとく、ものわかりが悪いこと。

⑥ **アンカン**とはしていられない。
　→のんびりしているようす。

⑦ 相手に**ゲイゴウ**してはいけない。
　→自分の考えをまげて相手の気に入るようにすること。

⑧ 物語の**ホッタン**。
　→始まり。

⑨ 予算を**ザンテイ**的に組む。
　→一時的に決めること。

⑩ **ウルシヌリ**の器。
　→漆の樹液からとった染料で塗ること。

点　　　まちがえたものはここに書き出す

第30回問題　　　目標10点（各1点）

①庭の**淡雪**が消えた。

②**幾重**にもひだのあるカーテン。

③**無性**に腹が立った。

④優勝の**下馬評**が高い。★

⑤この指輪は最高の**代物**だ。

⑥強力なエンジンを**搭載**する。

⑦病原菌に対する**免疫**ができる。

⑧柔和な**口調**で話す。

⑨全国**行脚**の旅に出る。★

⑩増築工事で離れを**普請**する。

第30回解答

①庭の**アワユキ**が消えた。
→薄く積もった雪。

②**イクエ**にもひだのあるカーテン。
→たくさん重なっていること。

③**ムショウ**に腹が立った。
→「無性に」で、むやみやたらに。

④優勝の**ゲバヒョウ**が高い。
→世間の評判。

⑤この指輪は最高の**シロモノ**だ。
→品物。

⑥強力なエンジンを**トウサイ**する。
→機械などの中にある装備や機能を組み込むこと。

⑦病原菌に対する**メンエキ**ができる。
→体内に入った病原菌に対し抵抗力を持ち発病しないこと。

⑧柔和な**クチョウ**で話す。
→話し方。

⑨全国**アンギャ**の旅に出る。
→各地をめぐり歩くこと。

⑩増築工事で離れを**フシン**する。
→建築する。

点

まちがえたものはここに書き出す

第3章

書けないと恥をかく一字漢字

一字漢字は日常よく使われるものばかりです。意外に書けないものが多いのではないでしょうか？
また、同音同義語が多いことも特徴のひとつです。
ここでは九割以上の正解率を目指しましょう。

問題　**次の□に入る漢字を答えなさい。**

★は「やや難」を示す。

第31回問題　　目標10点（各1点）

①町[外]れの公園。

②奉仕活動に[振]って参加する。

③古新聞をひもで[束]ねる。

④作戦が功を[奏]する。

⑤米を[研]ぐ。★

⑥練習計画をキャプテンに[委]ねる。

⑦税金を[納]めることは国民の義務だ。

⑧親友との思い出を胸に[刻]む。

⑨表情から胸中を[推]しはかる。★

⑩釣り糸を[垂]らす。

第31回解答

①町**外**れの公園。
→中心から離れたところ。

②奉仕活動に**奮**って参加する。
→進んで。

③古新聞をひもで**束**ねる。
→一つにまとめる。

④作戦が功を**奏**する。
→うまくなしとげる。

⑤米を**研**ぐ。
→水に入れてこすって洗う。「磨いて鋭利にする」意も。

⑥練習計画をキャプテンに**委**ねる。
→任せる。

⑦税金を**納**めることは国民の義務だ。
→お金や物をきちんと払い込むこと。

⑧親友との思い出を胸に**刻**む。
→強く残す。

⑨表情から胸中を**推**しはかる。
→「推しはかる」で、推測する。

⑩釣り糸を**垂**らす。
→一端を持ってもう片方の端を下げる。たれさげる。

点

まちがえたものはここに書き出す

第32回問題　　　目標10点（各1点）

① 出発を翌日に□(ノ)ばす。

② 毛糸で手袋を□(ア)む。

③ 初日の出を□(オガ)む。

④ 法律によって□(サバ)かれる。

⑤ 心が満ち□(タ)りる。

⑥ 弱者を□(シイタ)げる。★

⑦ □(イタダキ)を目指して歩き続ける。

⑧ 人前で話す姿は□(ドウ)にいったものだ。

⑨ 絹糸で布地を□(オ)る。

⑩ □(スミ)やかに工事に取りかかる。★

第32回解答

月　　日

① 出発を翌日に**延**ばす。
→延期する。

② 毛糸で手袋を**編**む。
→糸や竹などを互い違いに組み合わせて形にする。

③ 初日の出を**拝**む。
→両手を合わせて祈る。

④ 法律によって**裁**かれる。
→裁判で善悪を決められる。

⑤ 心が満ち**足**りる。
→「満ち足りる」で、じゅうぶんに満足する。

⑥ 弱者を**虐**げる。
→いじめる。ひどく扱う。

⑦ **頂**を目指して歩き続ける。
→山などのいちばん高いところ。頂上。

⑧ 人前で話す姿は**堂**にいったものだ。
→「堂にいる」で、学問や技術などが身についている。

⑨ 絹糸で布地を**織**る。
→糸を組み合わせて布を作る。

⑩ **速**やかに工事に取りかかる。
→素早いようす。

点

まちがえたものはここに書き出す

第33回問題　　　目標10点（各1点）

①保護者席を[　]ける。（モウ）

②[　]やかな成長を願う。★（スコ）

③秘密が[　]れる。（モ）

④今日はとても[　]し暑い。（ム）

⑤背が急に[　]びた。（ノ）

⑥ボールが[　]む。（ハズ）

⑦プレゼントに手紙を[　]える。★（ソ）

⑧宿泊[　]を建て替える。（トウ）

⑨大会の参加を[　]める。（アキラ）

⑩看護師として病院に[　]める。（ツト）

第33回解答

①保護者席を設ける。
→こしらえる。用意する。

②健やかな成長を願う。
→健康で元気なようす。

③秘密が漏れる。
→他へ伝わる。

④今日はとても蒸し暑い。
→「蒸し暑い」で、湿度が高くて蒸されるように暑い。

⑤背が急に伸びた。
→高くなる。

⑥ボールが弾む。
→はね上がる。

⑦プレゼントに手紙を添える。
→何かを付け加える。

⑧宿泊棟を建て替える。
→横に長い建造物。

⑨大会の参加を諦める。
→だめだと思ってやめる。

⑩看護師として病院に勤める。
→就職して働く。

点　　まちがえたものはここに書き出す

第34回問題　　目標10点（各1点）

① 夕日に[映]える。★

② 友人からの賞賛に[照]れる。

③ [険]しい山に登る。

④ チームを[率]いる。

⑤ 彼は[弁]が立つ。

⑥ 説明を[省]く。

⑦ 試合に[臨]む。

⑧ 理由について思い当たる[節]がある。★

⑨ 機嫌を[損]ねる。

⑩ 流行が[廃]れる。★

第34回解答

①夕日に**映**える。
→光に照らされて輝く。

②友人からの賞賛に**照**れる。
→きまり悪がる。

③**険**しい山に登る。
→傾斜が急である。

④チームを**率**いる。
→引き連れていく。

⑤彼は**弁**が立つ。
→話。「弁が立つ」で、話がじょうずなこと。

⑥説明を**省**く。
→取り除く。

⑦試合に**臨**む。
→向き合う。

⑧理由について思い当たる**節**がある。
→点。箇所。

⑨機嫌を**損**ねる。
→悪くさせる。

⑩流行が**廃**れる。
→はやらなくなる。(勢いが) おとろえる。

点

まちがえたものはここに書き出す

第35回問題　　目標10点（各1点）

①流れを□(サエギ)る。★

②文化祭での公演が好評を□(ハク)した。

③ビンの□(フタ)を開ける。★

④糸が□(ホコロ)びる。

⑤匂いが部屋に□(コ)もる。

⑥切手を□(ハ)る。

⑦何か□(コ)げている匂いがする。

⑧やけどの薬を□(ヌ)る。

⑨身を□(コ)にして働く。

⑩満を□(ジ)して事に臨む。★

第35回解答

①流れを遮る。
→途中でじゃまをして止める。

②文化祭での公演が好評を博した。
→得る。

③ビンの蓋を開ける。
→容器の口を上からおおいふさぐもの。

④糸が綻びる。
→ほどける。

⑤匂いが部屋に籠もる。
→匂いなどが中にいっぱいになる。

⑥切手を貼る。
→紙や布などを広げて、のりなどで固定する。

⑦何か焦げている匂いがする。
→火や熱で焼けて黒くなる。

⑧やけどの薬を塗る。
→表面に液体や塗料などをなすりつける。

⑨身を粉にして働く。
→「身を粉にして」で、労力を惜しまず仕事をする。

⑩満を持して事に臨む。
→ある状態を保つ。「満を持して」で、準備を十分して待つ。

点　　まちがえたものはここに書き出す

第4章

読めないと恥をかく一字漢字

一字漢字は身近なものであるにもかかわらず、読み間違いをすることが多いです。一度間違って覚えたら、生涯間違ったままの読み方をする可能性が多いので、今のうちにチェックしておく必要があります。

問題 **次の□の漢字の読みを答えなさい。**

★は「やや難」を示す。

第36回問題　　　目標10点（各1点）

①期待に**背**かない活躍をした。

②景気回復のために策を**施**す。

③粒の**粗**い塩を送る。★

④調査のため現地に**赴**く。★

⑤意見を**募**る。

⑥過去を**顧**みる。

⑦**傍**らには誰もいない。

⑧衣類のほころびを**繕**う。★

⑨髪にかんざしを**挿**す。

⑩歴史を**遡**って考える。

第36回解答

① 期待にソムかない活躍をした。
→「背く」で、命令や意向に従わない。

② 景気回復のために策をホドコす。
→用意して行う。

③ 粒のアラい塩を送る。
→ざらざらしていてなめらかでない。

④ 調査のため現地にオモムく。
→行く。

⑤ 意見をツノる。
→広く求める。募集する。

⑥ 過去をカエリみる。
→過ぎ去ったことを思い起こす。

⑦ カタワらには誰もいない。
→そば。

⑧ 衣類のほころびをツクロう。
→修理する。

⑨ 髪にかんざしをサす。
→物の間に何かをさしこむ。

⑩ 歴史をサカノボって考える。
→過去へとたどっていく。

点

まちがえたものはここに書き出す

第37回問題　　　目標10点（各1点）

① 謹んで新年のお祝いを申し上げる。★

② 演奏会を催す。

③ 最近は専ら小説を読んでいる。★

④ 菜種から油を搾る。

⑤ 大きな土の塊。

⑥ 僅かな数。

⑦ かかとが擦れる。★

⑧ 花の芳しい香り。

⑨ 大きな損害を被る。

⑩ 甚だ不愉快だ。

第37回解答

① ツツシんで新年のお祝いを申し上げる。
→敬意を表して。

② 演奏会をモヨオす。
→会などを開く。

③ 最近はモッパら小説を読んでいる。
→一つのことに集中するようす。ひたすら。

④ 菜種から油をシボる。
→強くねじって中のものを出す。「絞る」は小さくまとめる。

⑤ 大きな土のカタマリ。
→固まったもの。

⑥ ワズかな数。
→数量などが非常に少ないこと。

⑦ かかとがスれる。
→こすれて痛くなる。

⑧ 花のカンバしい香り。
→かおりがよい。

⑨ 大きな損害をコウムる。
→身に受ける。

⑩ ハナハだ不愉快だ。
→非常に。たいそう。

点　　まちがえたものはここに書き出す

第38回問題　　目標10点（各1点）

①利用者の便宜を図る。

②スキーの技術を極めたい。

③良い本を薦めてもらった。★

④新しい橋が架けられた。

⑤新しい目標を掲げる。

⑥趣向を凝らした作品。★

⑦語学力を鍛える。

⑧命の尊さについて諭す。

⑨人の目を欺く。

⑩田畑の畝。

第38回解答

① 利用者の便宜を**ハカ**る。
→配慮する。くふうする。

② スキーの技術を**キワ**めたい。
→最上にする。

③ 良い本を**スス**めてもらった。
→人や物をほめて人に紹介する。

④ 新しい橋が**カ**けられた。
→離れている2点をつなぐ。「懸け橋」は橋わたし。

⑤ 新しい目標を**カカ**げる。
→主張などを広く示す。

⑥ 趣向を**コ**らした作品。
→一つのことに注ぎ込む。

⑦ 語学力を**キタ**える。
→厳しく訓練して習熟させる。

⑧ 命の尊さについて**サト**す。
→わかるように言い聞かせる。

⑨ 人の目を**アザム**く。
→だます。間違わせる。

⑩ 田畑の**ウネ**。
→一定の幅で土を直線状に盛り上げたもの。

まちがえたものはここに■き出す

第39回問題　　　目標10点（各1点）

①身の|丈|に合っている。

②特別な雰囲気を|醸|し出している。★

③進歩の跡が|著|しい。★

④話し合いが|和|やかに進む。

⑤|襟|を正す。

⑥子どもたちの|弾|んだ声がする。

⑦海底に|潜|る。

⑧気を緩めないように|戒|める。

⑨いとしい思いに胸を|焦|がす

⑩相手の真意を|覚|る。★

第39回解答

①身の**タケ**に合っている。
→立っているものの高さ。身長。

②特別な雰囲気を**カモ**し出している。
→「醸し出す」で、雰囲気や気分などを作り出す。

③進歩の跡が**イチジル**しい。
→程度がはっきりわかること。

④話し合いが**ナゴ**やかに進む。
→打ち解けて親しみが感じられるよう。

⑤**エリ**を正す。
→「襟を正す」で、服装を整え、態度を正す。

⑥子どもたちの**ハズ**んだ声がする。
→喜びなどで気持ちがうきうきする。

⑦海底に**モグ**る。
→水中に全身が入り込む。

⑧気を緩めないように**イマシ**める。
→悪いことをしないよう注意する。

⑨いとしい思いに胸を**コ**がす。
→心を苦しめる。悩ませる。

⑩相手の真意を**サト**る。
→気がつく。理解する。

点　　まちがえたものはここに書き出す

第40回問題　　　目標10点（各1点）

①他人の死を[弔]う。★

②仏壇に[供]え物をする。

③銭湯が[廃]れていく。★

④寒さで手が[凍]える。

⑤小動物を[慈]しむ。★

⑥ひもを[結]わえる。

⑦紙面の半分を広告に[割]く。

⑧入学案内も[併]せてご覧ください。

⑨[恭]しく最敬礼した。

⑩言葉を[遮]って反論する。

第40回解答

① 他人の死を**トムラ**う。
→死を悲しんで、くやみを言う。

② 仏壇に**ソナ**え物をする。
→仏壇や墓などにさしあげるもの。

③ 銭湯が**スタ**れていく。
→はやらなくなる。

④ 寒さで手が**コゴ**える。
→寒さのために感覚がなくなること。

⑤ 小動物を**イツク**しむ。
→かわいがる。

⑥ ひもを**ユ**わえる。
→結ぶ。

⑦ 紙面の半分を広告に**サ**く。
→一部分を分けて他のものに当てる。

⑧ 入学案内も**アワ**せてご覧ください。
→一緒に。

⑨ **ウヤウヤ**しく最敬礼した。
→丁重なようす。

⑩ 言葉を**サエギ**って反論する。
→途中で止める。

点

まちがえたものはここに書き出す

第5章

意外に書けない重要漢字

第1・2章よりもやや難易度が上がります。大切な漢字ばかりですが、意外に書けないものが多いのではないでしょうか。
ここでは八割以上の正解率を目指しましょう。

問題　次の□に入る漢字を答えなさい。

★は「やや難」を示す。

第41回問題　　目標9点（各1点）

① [コウガン]厚顔無恥な人。

②原文と翻訳を[ショウゴウ]照合する。

③子どもには[トウイ]糖衣錠が飲みやすい。★

④[ボクヨウ]牧羊犬を飼う。

⑤湖畔のホテルに[トウシュク]投宿する。

⑥新潟県は日本の[コクソウ]穀倉地帯である。

⑦映画に[ビンジョウ]便乗した商品が売られる。★

⑧面白い研究テーマに[ショクシ]食指が動く。★

⑨牛の[シイク]飼育を始めた。

⑩海は資源の[ホウコ]宝庫だ

第41回解答

① **厚顔**無恥な人。
→恥を知らずずうずうしいこと。

② 原文と翻訳を**照合**する。
→照らし合わせる。

③ 子どもには**糖衣**錠が飲みやすい。
→薬などを飲みやすくするために外側を砂糖で包んだもの。

④ **牧羊**犬を飼う。
→「牧羊犬」で、牧場で放牧している家畜の見張りをする犬。

⑤ 湖畔のホテルに**投宿**する。
→宿に泊まること。

⑥ 新潟県は日本の**穀倉**地帯である。
→「穀倉地帯」で、穀物がたくさんとれる地域。

⑦ 映画に**便乗**した商品が売られる。
→都合のよい機会をうまく利用すること。

⑧ 面白い研究テーマに**食指**が動く。
→人差し指。「食指が動く」で、してみたい気持ちになる。

⑨ 牛の**飼育**を始めた。
→家畜などを飼って育てること。

⑩ 海は資源の**宝庫**だ。
→価値のあるものがたくさんあるところ。

第42回問題   目標9点（各1点）

① 社会の風潮に□□する。★ （ゲイゴウ）

② 大統領が諸外国を□□する。（レキホウ）

③ 古民家を□□する。（イチク）

④ □□ではもう秋だ。（インレキ）

⑤ 不正が□□する。（オウコウ）

⑥ 歯の□□をする。（チリョウ）

⑦ 絵の□□がある。（ソヨウ）

⑧ 岩石を□□する。★（ハサイ）

⑨ 興味□□で話を聞く。（シンシン）

⑩ □□の涙を流す。★（セキベツ）

第42回解答

① 社会の風潮に**迎合**する。
→自分の考えをまげて人や世間に合わせること。

② 大統領が諸外国を**歴訪**する。
→次々に訪問すること。

③ 古民家を**移築**する。
→建物を他の場所に移して元のように建てること。

④ **陰暦**ではもう秋だ。
→月の満ち欠けを基準に作られた暦。大陰暦。旧暦。

⑤ 不正が**横行**する。
→悪事などがしきりに行われること。

⑥ 歯の**治療**をする。
→けがや病気を治すこと。

⑦ 絵の**素養**がある。
→ふだんから身につけている技術や学問。

⑧ 岩石を**破砕**する。
→くだいて壊す。

⑨ 興味**津津**で話を聞く。
→絶えずあふれ出てつきないこと。

⑩ **惜別**の涙を流す。
→別れを惜しむこと。

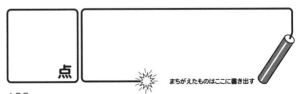

点　　まちがえたものはここに書き出す

第43回問題　　　目標9点（各1点）

① ロンシ を明確にする。★

② 道で知人に ソウグウ する。

③ 前回の敗戦の セツジョク を果たした。

④ 石油を ウンパン するタンカー。

⑤ スポーツ活動を シエン する。

⑥ 家族全員で ヨカ を楽しむ。

⑦ シュウトウ に計画を立てる。★

⑧ 噴火に対する ケイショウ を鳴らす。

⑨ ジアイ に満ちた母親の絵。

⑩ タクエツ した技術を保有した民族。

第43回解答

① **論旨**を明確にする。
→議論の趣旨・要旨。

② 道で知人に**遭遇**する。
→偶然に出会う。

③ 前回の敗戦の**雪辱**を果たした。
→前回負けた相手に勝って汚名をそそぐこと。

④ 石油を**運搬**するタンカー。
→運ぶ。

⑤ スポーツ活動を**支援**する。
→力を貸して助ける。

⑥ 家族全員で**余暇**を楽しむ。
→仕事から離れて、自由に使える時間。

⑦ **周到**に計画を立てる。
→用意や準備をよくして怠りのないようす。

⑧ 噴火に対する**警鐘**を鳴らす。
→危険を知らせ、警戒を促すために鳴らす鐘。

⑨ **慈愛**に満ちた母親の絵。
→いつくしみ愛すること。

⑩ **卓越**した技術を保有した民族。
→抜きんでてすぐれていること。

点

まちがえたものはここに書き出す

第44回問題　　　目標9点（各1点）

① 親睦 を深める。

② 暫定 処置をとる。★

③ 文化 勲章 の受賞者。

④ 嘱託 社員を募集する。

⑤ 真摯 な態度で取り組む。★

⑥ 記念品を 贈呈 する。

⑦ 火急 の用事で出かけた。

⑧ 物語は 大団円 を迎えた。

⑨ 夏期 休暇 に入った。

⑩ 戸籍 抄本 。★

第44回解答

① **親睦**を深める。
→親しみ仲良くすること。

② **暫定**処置をとる。
→一時的に決めること。

③ 文化**勲章**の受賞者。
→功労者に与えられる記章。

④ **嘱託**社員を募集する。
→「嘱託社員」で、正社員ではなく、業務を頼まれる人。

⑤ **真摯**な態度で取り組む。
→まじめで一生懸命なようす。

⑥ 記念品を**贈呈**する。
→人に物を贈る。

⑦ **火急**の用事で出かけた。
→急いでやらなければならないようす。

⑧ 物語は**大団円**を迎えた。
→小説や演劇などの最後の場面。「団円」は完結の意味。

⑨ 夏期**休暇**に入った。
→休み。

⑩ 戸籍**抄本**。
→文書の一部分を抜き書きしたもの。

点

まちがえたものはここに書き出す

第45回問題　　目標9点（各1点）

① <ruby>詩情<rt>シジョウ</rt></ruby>豊かな演奏。

② <ruby>過酷<rt>カコク</rt></ruby>な人生。

③ 各国が<ruby>覇権<rt>ハケン</rt></ruby>を争う大会。

④ 欲望を剥き出しにした<ruby>醜悪<rt>シュウアク</rt></ruby>な顔。

⑤ 友人から<ruby>疎外<rt>ソガイ</rt></ruby>された気分になる。

⑥ <ruby>平衡<rt>ヘイコウ</rt></ruby>感覚を失う。★

⑦ 必死の<ruby>形相<rt>ギョウソウ</rt></ruby>をする。★

⑧ 台風が<ruby>迷走<rt>メイソウ</rt></ruby>する。

⑨ 優れた人物が<ruby>輩出<rt>ハイシュツ</rt></ruby>する。

⑩ 人権を<ruby>擁護<rt>ヨウゴ</rt></ruby>する。

第45回解答

①詩情豊かな演奏。
→詩的な情景。

②過酷（苛酷）な人生。
→ひどすぎるようす。

③各国が覇権を争う大会。
→競技などで優勝して得る栄誉。

④欲望を剥き出しにした醜悪な顔。
→非常にみにくいようす。

⑤友人から疎外された気分になる。
→仲間はずれにすること。

⑥平衡感覚を失う。
→つり合い。「平衡感覚」で、全身のバランスを知る感覚。

⑦必死の形相をする。
→顔つき。

⑧台風が迷走する。
→決まった道筋を取らず、不規則に進むこと。

⑨優れた人物が輩出する。
→人材が次々と出る。

⑩人権を擁護する。
→大切に守ること。

点　　まちがえたものはここに書き出す

第46回問題　　目標9点（各1点）

① <ruby>覆水<rt>フクスイ</rt></ruby>盆に返らず。

② <ruby>心頭<rt>シントウ</rt></ruby>滅却すれば火もまた涼し。★

③ <ruby>一意<rt>イチイ</rt></ruby>専心に努力する。

④ 山に<ruby>残照<rt>ザンショウ</rt></ruby>が美しい。★

⑤ 個人の自由な<ruby>裁量<rt>サイリョウ</rt></ruby>に委ねる。

⑥ 実力を測る<ruby>試金石<rt>シキンセキ</rt></ruby>となる。

⑦ <ruby>有終<rt>ユウシュウ</rt></ruby>の美を飾る。

⑧ 留学生受け入れの<ruby>態勢<rt>タイセイ</rt></ruby>を整える。

⑨ 投手から野手に<ruby>転向<rt>テンコウ</rt></ruby>する。

⑩ 損得を<ruby>度外視<rt>ドガイシ</rt></ruby>する。

第46回解答

① **覆水**盆に返らず。
→こぼれた水。

② **心頭**滅却すれば火もまた涼し。
→心。精神。

③ **一意**専心に努力する。
→「一意専心」で心を一つのことに注ぐようす。

④ 山に**残照**が美しい。
→夕日が沈んだ後に山頂や空に残る輝き。

⑤ 個人の自由な**裁量**に委ねる。
→その人の考えで自由に処理すること。

⑥ 実力を測る**試金石**となる。
→人の能力や物の価値を試す材料になる物。

⑦ **有終**の美を飾る。
→終わりまでやり遂げること。

⑧ 留学生受け入れの**態勢**を整える。
→物事に対応する姿勢。

⑨ 投手から野手に**転向**する。
→方向や立場を変える。

⑩ 損得を**度外視**する。
→無視する。

点

まちがえたものはここに書き出す

第47回問題   目標9点（各1点）

① [セイ][シン][セイ][イ]つくす。

②申し込みが[サッ][トウ]する。

③台風も今は[ショウ][コウ]を保っている。

④起死[カイ][セイ]の逆転ホームラン。★

⑤[カン][マン]の差が激しい海。

⑥世界平和を[キ][キュウ]する。

⑦チャンスに[カイ][シン]の一発。

⑧動きが[カン][マン]なサルたち。

⑨[ザ][ユウ]の銘。

⑩長い間の[ケン][アン]が解決した。

第47回解答

① **誠心誠意**つくす。
→真心。「誠心」も「誠意」も真心の意。

② 申し込みが**殺到**する。
→人や物がいちどきに押し寄せる。

③ 台風も今は**小康**を保っている。
→変動する状態がしばらくおさまること。

④ 起死**回生**の逆転ホームラン。
→「起死回生」で敗北しかかっているものを救うこと。

⑤ **干満**の差が激しい海。
→干潮と満潮。

⑥ 世界平和を**希求**する。
→願い求めること。

⑦ チャンスに**会心**の一発。
→思うとおりになって満足すること。

⑧ 動きが**緩慢**なサルたち。
→ゆるやかなようす。

⑨ **座右**の銘。
→「座右の銘」でそばに置いて自分の戒めとする言葉。

⑩ 長い間の**懸案**が解決した。
→取り上げられながらまだ解決がついていないもの。

点　　　　まちがえたものはここに書き出す

第48回問題　　目標9点（各1点）

①問題の▢▢(カクシン)をつく。

②宿題の提出を▢▢(サイソク)する。★

③公定▢▢(ブアイ)。

④敵の▢▢(イヒョウ)をつく。★

⑤君の考えに▢▢(キョウメイ)する。

⑥国交を▢▢(ダンゼツ)する。

⑦みんなに▢▢(チョウホウ)がられる。

⑧経済発展を▢▢(ジョチョウ)する。

⑨▢▢(レンサイ)小説を読む。

⑩部屋が▢▢(カンサン)としている。

第48回解答

① 問題の**核心**をつく。
→物事の中心となる重要な部分。

② 宿題の提出を**催促**する。
→促すこと。

③ 公定**歩合**。
→「公定歩合」で、中央銀行が銀行に金を貸す場合の利息の率。

④ 敵の**意表**をつく。
→予想外。思いがけないこと。

⑤ 君の考えに**共鳴**する。
→他人の意見などに同感する。

⑥ 国交を**断絶**する。
→つながっているものをたち切る。

⑦ みんなに**重宝**がられる。
→役に立つ。

⑧ 経済発展を**助長**する。
→助けて伸ばすこと。

⑨ **連載**小説を読む。
→新聞や雑誌に続きものとして載せること。

⑩ 部屋が**閑散**としている。
→ひとけがなくひっそりしているようす。

第49回問題   目標9点（各1点）

①税金の〔督促〕状を送る。

②〔不朽〕の名作となる。★

③〔至極〕もっともな意見。

④〔謙虚〕な姿勢。

⑤老人ホームを〔慰問〕する。

⑥〔時候〕の挨拶。

⑦音楽に関しては〔門外漢〕だ。

⑧史跡を〔探訪〕する。

⑨膝の痛みを〔湯治〕場でいやす。★

⑩道路が〔寸断〕された。

第49回解答

① 税金の**督促**状を送る。
→促すこと。

② **不朽**の名作となる。
→いつまでも廃れないこと。

③ **至極**もっともな意見。
→このうえなく。

④ **謙虚**な姿勢。
→つつましくて控えめなようす。

⑤ 老人ホームを**慰問**する。
→見舞って慰める。

⑥ **時候**の挨拶。
→四季折々の気候。

⑦ 音楽に関しては**門外漢**だ。
→しろうと。専門としない人。

⑧ 史跡を**探訪**する。
→社会の状況や出来事を探りに出かける。

⑨ 膝の痛みを**湯治**場でいやす。
→温泉に入ってケガや病気を治すこと。

⑩ 道路が**寸断**された。
→ずたずたに断ちきること。

点

まちがえたものはここに書き出す

第50回問題　　　　目標9点（各1点）

① 美しい<ruby>樹氷<rt>ジュヒョウ</rt></ruby>に感動する。

② 神社<ruby>仏閣<rt>ブッカク</rt></ruby>。

③ 不当に<ruby>排斥<rt>ハイセキ</rt></ruby>される。

④ <ruby>万感<rt>バンカン</rt></ruby>胸にせまる。★

⑤ <ruby>適正<rt>テキセイ</rt></ruby>価格で販売する。

⑥ 格差を<ruby>是正<rt>ゼセイ</rt></ruby>する。★

⑦ <ruby>高慢<rt>コウマン</rt></ruby>な態度。

⑧ 犯人の<ruby>身柄<rt>ミガラ</rt></ruby>を拘束する。

⑨ 政権は一年で<ruby>崩壊<rt>ホウカイ</rt></ruby>した。

⑩ 条約を<ruby>締結<rt>テイケツ</rt></ruby>する。

第50回解答

① 美しい**樹氷**に感動する。
→氷点下になった霧が木の枝に凍り付いて白く見えるもの。

② 神社**仏閣**。
→寺。

③ 不当に**排斥**される。
→押しのけて退ける。

④ **万感**胸にせまる。
→さまざまな感情。

⑤ **適正**価格で販売する。
→適切で正しいこと。

⑥ 格差を**是正**する。
→不公平などを正しく直す。

⑦ **高慢**な態度。
→人を見下すようす。

⑧ 犯人の**身柄**を拘束する。
→その人の体。

⑨ 政権は一年で**崩壊**した。
→くずれ壊れる。

⑩ 条約を**締結**する。
→条約などを取り結ぶ。

点　　まちがえたものはここに書き出す

第6章

意外に読めない重要漢字

日常よく使う漢字でも、意外に読めないもの、読み間違いをしてしまうものが多くあります。ここではそういったやや難易度の高い漢字の読みを扱います。八割以上の正解率を目指しましょう。

問題 **次の□の漢字の読みを答えなさい。**

★は「やや難」を示す。

第51回問題　　　目標8点（各1点）

①ハチに**擬態**するカマキリ。

②**港湾**で働く人々の仕事を調べる。

③**辛辣**な批判を受ける。★

④**戴冠**式に出席する。

⑤重要な情報を**秘匿**する。★

⑥人口が**漸次**増加する。★

⑦将来を**嘱望**された青年。

⑧**群青**色の朝顔の花。

⑨日増しに**恋慕**の情がつのる。

⑩悪事を**糾明**する。

第51回解答

① ハチに**ギタイ**するカマキリ。
→他のもののようすに似せる。

② **コウワン**で働く人々の仕事を調べる。
→船が停泊し、乗客や荷物を積み下ろす設備のある水域。

③ **シンラツ**な批判を受ける。
→たいへん手厳しいこと。

④ **タイカン**式に出席する。
→頭に冠をいただくこと。

⑤ 重要な情報を**ヒトク**する。
→隠して、人に知らせない。

⑥ 人口が**ゼンジ**増加する。
→だんだん。しだいに。

⑦ 将来を**ショクボウ**された青年。
→期待する。

⑧ **グンジョウ**色の朝顔の花。
→「群青色」で、紫がかった深い青色。

⑨ 日増しに**レンボ**の情がつのる。
→恋したうこと。

⑩ 悪事を**キュウメイ**する。
→悪事などをただし明らかにする。

点

まちがえたものはここに書き出す

第52回問題　　　　目標8点（各1点）

① 謁見 を許される。

② 名家の 嫡子 に嫁ぐ。★

③ 素早い動きで相手を 翻弄 する。

④ 国から県へ 管轄 を移す。

⑤ 国旗が 掲揚 される。

⑥ 制服は会社が 貸与 する。★

⑦ 城郭 のある町を散策する。

⑧ 祝言 を述べる。

⑨ 浅薄 な考えを改める。★

⑩ 結核の 撲滅 を目指す。

第52回解答

① **エッケン**を許される。
→身分の高い人に会うこと。

② 名家の**チャクシ**に嫁ぐ。
→後継ぎとなる子。

③ 素早い動きで相手を**ホンロウ**する。
→もてあそぶ。

④ 国から県へ**カンカツ**を移す。
→官庁などが権限によって支配すること。

⑤ 国旗が**ケイヨウ**される。
→旗などを高くかかげること。

⑥ 制服は会社が**タイヨ**する。
→貸し与える。

⑦ **ジョウカク**のある町を散策する。
→城。城の周りの囲み。

⑧ **シュウゲン**を述べる。
→祝いの言葉。「祝言をあげる」は結婚式をとり行うこと。

⑨ **センパク**な考えを改める。
→考えなどが浅いようす。あさはか。

⑩ 結核の**ボクメツ**を目指す。
→完全に滅ぼすこと。

点

まちがえたものはここに書き出す

第53回問題　　　目標8点（各1点）

①**寡黙**な人。★

②**万策**が尽きた。

③開店資金を**工面**する。

④**時宜**にかなった行動をとる。★

⑤**森閑**とした雰囲気。

⑥**篤志**家の寄付を得る。★

⑦彼女は美の**化身**だ。

⑧**風聞**に耳を貸さない。

⑨深山**幽谷**の情趣を楽しむ。

⑩**筆舌**に尽くしがたい。

第53回解答

①**カモク**な人。
→口数が少ないこと。

②**バンサク**が尽きた。
→あらゆる手段・方法。

③開店資金を**クメン**する。
→金銭や品物をくふうして集める。

④**ジギ**にかなった行動をとる。
→時期がちょうどよいこと。

⑤**シンカン**とした雰囲気。
→ひっそりと静まりかえっているようす。

⑥**トクシ**家の寄付を得る。
→慈善事業などに援助を惜しまないあつい志。

⑦彼女は美の**ケシン**だ。
→仏が衆生を救うために人間の姿に変えたもの。

⑧**フウブン**に耳を貸さない。
→うわさ。風の便りに聞くもの。

⑨深山**ユウコク**の情趣を楽しむ。
→山の奥深くの谷。

⑩**ヒツゼツ**に尽くしがたい。
→書くことと話すこと。

点

まちがえたものはここに書き出す

第54回問題　　　目標8点（各1点）

① 人気商品が**廉価**で販売される。★

② 溶かした金属を**鋳型**に流し込む。

③ 退部を決めた友人に**翻意**を促す。

④ 監督が**更迭**される。★

⑤ **隠密**に事を運ぶ。

⑥ 演説に**聴衆**は聴き入った。

⑦ **閑静**な住宅街に住む。★

⑧ **凡庸**な作品。

⑨ **出納**簿をつける。

⑩ **窃盗**罪で逮捕された。

第54回解答

月　日

① 人気商品が**レンカ**で販売される。
→値段が安いこと。

② 溶かした金属を**イガタ**に流し込む。
→鋳物を作るために、溶かした金属を流し込む型。

③ 退部を決めた友人に**ホンイ**を促す。
→決心などを変えること。

④ 監督が**コウテツ**される。
→ある地位や役目にいる人を変えること。

⑤ **オンミツ**に事を運ぶ。
→人目をしのび、ひそかに行うこと。

⑥ 演説に**チョウシュウ**は聴き入った。
→講演や演奏などを聞く人々。

⑦ **カンセイ**な住宅街に住む。
→人通りも少なく静かなようす。

⑧ **ボンヨウ**な作品。
→平凡ですぐれたところのないようす。

⑨ **スイトウ**簿をつける。
→金銭や品物の出し入れ。

⑩ **セットウ**罪で逮捕された。
→他人の財物をそっと盗むこと。

点

まちがえたものはここに書き出す

128

第55回問題   目標8点（各1点）

①契約の|履|行|。★

②怒りの|矛|先|をこちらに向ける。

③赤ちゃんの|産|着|を用意する。

④|安|穏|に暮らす。★

⑤春の|息|吹|。

⑥歴史を|手|繰|る。

⑦彼女は彼を|嫌|悪|している。

⑧役者が長い|台|詞|を覚える。

⑨費用は|折|半|しよう。

⑩今日はお花見|日|和|だ。

第55回解答

① 契約のリコウ。
→決めたことを守って行う。

② 怒りのホコサキをこちらに向ける。
→ほこのきっ先。攻撃の方向。

③ 赤ちゃんのウブギを用意する。
→生まれた赤ん坊に初めて着せる着物。

④ アンノンに暮らす。
→無事で穏やかなようす。

⑤ 春のイブキ。
→息づかい。きざし。

⑥ 歴史をタグる。
→順を追って引き出す。

⑦ 彼女は彼をケンオしている。
→ひどく嫌う。

⑧ 役者が長いセリフを覚える。
→役者が劇中で語る言葉。

⑨ 費用はセッパンしよう。
→2等分すること。

⑩ 今日はお花見ビヨリだ。
→何かをするのに好都合な天気。

点　　まちがえたものはここに書き出す

第56回問題　　　目標8点（各1点）

① **甲高**い声。

② 原生林の**開墾**をする。

③ 森林を**伐採**する。

④ **水稲**栽培が盛んだ。

⑤ 友だちの**急逝**を悲しむ。★

⑥ **詐欺**行為は認めない。

⑦ **分別**のある行動をとる。

⑧ **破竹**の勢いで勝ち進む。

⑨ 条約に**批准**する。★

⑩ **物騒**な世の中だ。

第56回解答

① **カンダカ**い声。
→声の調子が高い。

② 原生林の**カイコン**をする。
→山林や原野を耕して田畑にすること。

③ 森林を**バッサイ**する。
→樹木を切り取る。

④ **スイトウ**栽培が盛んだ。
→水田で栽培する稲。

⑤ 友だちの**キュウセイ**を悲しむ。
→突然亡くなること。

⑥ **サギ**行為は認めない。
→金品をだまし取ること。

⑦ **フンベツ**のある行動をとる。
→道理をわきまえていること。

⑧ **ハチク**の勢いで勝ち進む。
→「破竹の勢い」で、止めようもないほど勢いが盛んなこと。

⑨ 条約に**ヒジュン**する。
→全権委員が署名した条約を国が最終的に確認し同意する。

⑩ **ブッソウ**な世の中だ。
→よくない事が起こりそうなようす。

まちがえたものはここに書き出す

第57回問題　　　目標8点（各1点）

① **泰然**自若な態度。

② 鍋料理の最後に**雑炊**を作る。

③ **平生**から体を鍛えておく。★

④ 熱いお茶を一杯**所望**する。★

⑤ 移籍を**直訴**する。

⑥ 物価が**騰貴**する。

⑦ 抗議の**矢面**に立つ。

⑧ 作品の**巧拙**を論じる。★

⑨ 動物の**威嚇**行為を研究する。

⑩ 裏山は住宅地に**変貌**した。

第57回解答

①**タイゼン**自若な態度。
→落ち着いていて、物事に動じないようす。

②鍋料理の最後に**ゾウスイ**を作る。
→野菜などを入れてしょうゆやみそで味をつけたかゆ。

③**ヘイゼイ**から体を鍛えておく。
→ふだん。常日頃。

④熱いお茶を一杯**ショモウ**する。
→望む。

⑤移籍を**ジキソ**する。
→正式の手続きを取らずに、より上の人に直接訴える。

⑥物価が**トウキ**する。
→物の値段が上がること。

⑦抗議の**ヤオモテ**に立つ。
→非難や攻撃などを集中して受ける立場。

⑧作品の**コウセツ**を論じる。
→じょうずとへた。

⑨動物の**イカク**行為を研究する。
→おどすこと。

⑩裏山は住宅地に**ヘンボウ**した。
→すっかりようすが変わる。

第58回問題　　　目標8点（各1点）

①夏休みを<u>満喫</u>する。

②大会に参加することを<u>承諾</u>した。★

③道路の<u>拡幅</u>工事が終わった。

④先生の<u>薫陶</u>を受ける。

⑤エピソードを<u>羅列</u>する。

⑥原因不明の<u>疾病</u>に悩む。★

⑦野生動物が草原を<u>疾駆</u>する。

⑧状況を<u>克明</u>に報告する。

⑨機械の部品が<u>摩耗</u>した。

⑩その上着は<u>化繊</u>でできている。

第58回解答

① 夏休みを**マンキツ**する。
→十分に満足する。

② 大会に参加することを**ショウダク**した。
→承知して受け入れる。

③ 道路の**カクフク**工事が終わった。
→道路などの幅を広げること。

④ 先生の**クントウ**を受ける。
→人格で感化し、すぐれた人間にすること。

⑤ エピソードを**ラレツ**する。
→ずらりと並べる。

⑥ 原因不明の**シッペイ**に悩む。
→病気。

⑦ 野生動物が草原を**シック**する。
→速く走る。

⑧ 状況を**コクメイ**に報告する。
→細かいところまではっきりさせるようす。

⑨ 機械の部品が**マモウ**した。
→すり減る。

⑩ その上着は**カセン**でできている。
→化学繊維の略。

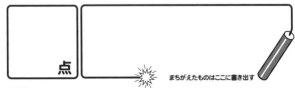

点

まちがえたものはここに書き出す

第59回問題　　目標8点（各1点）

①連絡が**間遠**になる。

②彼の**清廉**な人柄に感動した。★

③**潤沢**な資金を投入する。

④細部まで**意匠**を凝らす。★

⑤**悠久**の昔を思う。

⑥学問に**便法**はない。

⑦渓流の**瀬音**を聞く。

⑧決勝戦で**惜敗**する。★

⑨**養豚**業を営む。

⑩**煩雑**な入国手続き。

第59回解答

① 連絡が**マドオ**になる。
→時間や間隔があくこと。

② 彼の**セイレン**な人柄に感動した。
→心がきれいで欲のないようす。

③ **ジュンタク**な資金を投入する。
→豊富にあること。

④ 細部まで**イショウ**を凝らす。
→くふう。趣向。

⑤ **ユウキュウ**の昔を思う。
→はるか後まで久しいこと。永久。

⑥ 学問に**ベンポウ**はない。
→便利な方法。

⑦ 渓流の**セオト**を聞く。
→川が流れる音。

⑧ 決勝戦で**セキハイ**する。
→惜しいところで負けること。

⑨ **ヨウトン**業を営む。
→肉を取るため豚を飼育すること。

⑩ **ハンザツ**な入国手続き。
→込み入っていて煩わしいようす。

点　　　まちがえたものはここに書き出す

第60回問題　　目標8点（各1点）

① **鷹揚**に構える。

② 諸国を**遍歴**する。

③ 友人と**頻繁**に連絡を取り合う。

④ 組織の**中枢**を青年で占める。★

⑤ 彼は見事に**平癒**した。

⑥ 国王に**拝謁**を許される。

⑦ **溶媒**をビーカーに入れる。

⑧ 彼は将来の**宰相**の器だ。

⑨ 外国と**借款**について協議する。

⑩ 人々に**福音**がもたらされる。★

第60回解答

① **オウヨウ**に構える。
→ゆったりしているようす。

② 諸国を**ヘンレキ**する。
→あちこちめぐり歩く。

③ 友人と**ヒンパン**に連絡を取り合う。
→たびたび起こるようす。

④ 組織の**チュウスウ**を青年で占める。
→中心となる重要な部分。

⑤ 彼は見事に**ヘイユ**した。
→病気が治ること。全快。

⑥ 国王に**ハイエツ**を許される。
→高貴な人にお目にかかること。

⑦ **ヨウバイ**をビーカーに入れる。
→物質を溶かすのに用いる液体。

⑧ 彼は将来の**サイショウ**の器だ。
→総理大臣。

⑨ 外国と**シャッカン**について協議する。
→国と国の間の資金の貸し借り。

⑩ 人々に**フクイン**がもたらされる。
→喜ばしい知らせ。

これが書けたら万全!

第7章 難漢字

常用漢字、あるいは高校入試問題で出題される漢字の中で、最も難易度の高いものを扱います。ただし、どれも重要なものばかりです。七割以上の正解率を目指しましょう。

問題 **次の□に入る漢字を答えなさい。**

★は「やや難」を示す。

第61回問題　　目標8点（各1点）

①実力が[ハクチュウ]している。

②詩が[カサク]に入選した。

③それが事の[ホッタン]だった。

④彼女は自由[ホンポウ]な性格だ。★

⑤彼はいつも[ユウゼン]と構えている。

⑥油田開発の[ケンエキ]を獲得する。

⑦案を実現させるために[カクサク]する。

⑧必死に[ベンメイ]した。

⑨[ヒカク]製品を購入する。

⑩愛用の[チョウド]品。★

第61回解答

①実力が**伯仲**している。
→互いにすぐれていて、優劣がつけにくい。

②詩が**佳作**に入選した。
→すぐれた作品。入賞した作品に次ぐもの。

③それが事の**発端**だった。
→始まり。

④彼女は自由**奔放**な性格だ。
→思いどおりに振る舞うようす。

⑤彼はいつも**悠然**と構えている。
→ゆったりと落ち着いているようす。

⑥油田開発の**権益**を獲得する。
→権利とそれに伴う利益。

⑦案を実現させるために**画策**する。
→計画する。たくらむ。

⑧必死に**弁明**した。
→自分の言動などについて申し開きをする。

⑨**皮革**製品を購入する。
→動物の皮を加工したもの。

⑩愛用の**調度**品。
→身の回りの道具・家具。

第62回問題　　目標7点（各1点）

① 昔の◻◻（ショウゾク）を身につける。

② 医者の不◻◻（ヨウジョウ）。

③ 学園祭の企画の◻◻（コッシ）を決める。★

④ 自分の思いを◻◻（レンメン）と訴える。

⑤ そうしないのが◻◻◻（フブンリツ）だ。

⑥ 彼女は◻◻（シンソウ）の令嬢だ。★

⑦ 裁判所の◻◻（チョウテイ）によって解決した。

⑧ 新聞に◻◻（ケイサイ）される。

⑨ 伝統芸能には◻◻（セシュウ）制度が残る。

⑩ 航空機の◻◻（ツイラク）を防ぐ。★

第62回解答

① 昔の装束を身につける。
→衣服。きもの。

② 医者の不養生。
→体を大切にして、健康の増進を図ること。

③ 学園祭の企画の骨子を決める。
→要点。

④ 自分の思いを連綿と訴える。
→長々と続くようす。

⑤ そうしないのが不文律だ。
→心の中で了解しているきまり。

⑥ 彼女は深窓の令嬢だ。
→家の中の奥深い部屋。

⑦ 裁判所の調停によって解決した。
→裁判所などが中に立って双方を和解させること。

⑧ 新聞に掲載される。
→新聞や雑誌に文章などを乗せる。

⑨ 伝統芸能には世襲制度が残る。
→職業・地位・財産などを代々受け継ぐこと。

⑩ 航空機の墜落を防ぐ。
→高いところから落ちる。

点

まちがえたものはここに書き出す

第63回問題　　目標7点（各1点）

① □□な身のこなし。（シュンビン）

② パーティーに□□が集う。★（シュクジョ）

③ □□の船が行く。（イッセキ）

④ それは平和への□□となる。（フセキ）

⑤ □□環視の中で開票を行う。★（シュウジン）

⑥ □□波が海岸に打ち寄せる。（ドヨウ）

⑦ 不審者の身元を□□する。★（ショウカイ）

⑧ 美しく見える□□。（ショサ）

⑨ 味方の勝利は□□だ。（ヒツジョウ）

⑩ □□構わず突き進む。（イサイ）

第63回解答

① **俊敏**な身のこなし。
→かしこくて行動が素早いようす。

② パーティーに**淑女**が集う。
→しとやかで品のよい女性。

③ **一隻**の船が行く。
→船一そう。

④ それは平和への**布石**となる。
→将来に備えておく手はず。

⑤ **衆人**環視の中で開票を行う。
→多くの人々。

⑥ **土用**波が海岸に打ち寄せる。
→立夏・立秋・立冬・立春の前18日間の総称。

⑦ 不審者の身元を**照会**する。
→問い合わせる。

⑧ 美しく見える**所作**。
→振る舞い。身のこなし。

⑨ 味方の勝利は**必定**だ。
→必ずそうなること。

⑩ **委細**構わず突き進む。
→細かい事情。

点

まちがえたものはここに書き出す

第64回問題　　　目標7点（各1点）

① 彼の自慢話に□□する。（ヘイコウ）

② 事例は□□にいとまがない。★（マイキョ）

③ □□になる時刻に海岸に行く。（カンチョウ）

④ 美術品を□□する。（カンテイ）

⑤ 裁判官を□□する。★（ヒメン）

⑥ □□に拍手をする。（イッセイ）

⑦ □□を与える。（ホウビ）

⑧ 義務を□□する。（スイコウ）

⑨ 関係資料を□□する。（モウラ）

⑩ 人生の□□に立つ。★（キロ）

第64回解答

①彼の自慢話に**閉口**する。
→困りきる。

②事例は**枚挙**にいとまがない。
→一つ一つ数え上げること。

③**干潮**になる時刻に海岸に行く。
→引き潮。

④美術品を**鑑定**する。
→物の真贋や価値を見定める。

⑤裁判官を**罷免**する。
→職務を辞めさせる。

⑥**一斉**に拍手をする。
→そろって。同時に。

⑦**褒美**を与える。
→ほめて与える金品。

⑧義務を**遂行**する。
→やりとげる。

⑨関係資料を**網羅**する。
→残らず取り入れる。

⑩人生の**岐路**に立つ。
→分かれ道。

第65回問題 目標7点（各1点）

①話を[オンビン]にまとめる。★

②社交[ジレイ]ではない。

③同じ話ばかりで[ショクショウ]気味だ。

④故人の[イシ]を継ぐ。★

⑤彼の[モヨリ]の駅は新宿だ。

⑥彼女の裏切りに[ギャクジョウ]した。

⑦現金で[ケッサイ]する。

⑧こちらの要求を[カイダク]してもらう。★

⑨[キョウケン]を発動する。

⑩[ナンコウ]不落の域。

第65回解答

① 話を穏便にまとめる。
→穏やかで、事を荒だてないようす。

② 社交辞令ではない。
→応対の言葉。「社交辞令」で、おせじ。

③ 同じ話ばかりで食傷気味だ。
→同じことばかりでいやになること。

④ 故人の遺志を継ぐ。
→亡くなった人が果たせなかった志。

⑤ 彼の最寄の駅は新宿だ。
→最も近い。

⑥ 彼女の裏切りに逆上した。
→怒りや悲しみで頭に血が上ること。

⑦ 現金で決済する。
→代金の受け渡しによって売買の取引を終えること。

⑧ こちらの要求を快諾してもらう。
→快く承知すること。

⑨ 強権を発動する。
→国家の強制的な権力。

⑩ 難攻不落の城。
→「難攻不落」で、攻めにくく容易に落ちないこと。

点

まちがえたものはここに書き出す

第8章

これが読めたら万全！

難漢字

日常よく使う漢字でも、読み方が難しいものが多くあります。これらの漢字を正確に読みこなせたなら、あなたへの信頼度がアップするでしょう。この章の漢字をすべて正確に読めるように練習しましょう。

問題 **次の□の漢字の読みを答えなさい。**

★は「やや難」を示す。

第66回問題　　　目標8点（各1点）

①工事が予定どおり**進捗**する。★

②モーツァルトに**私淑**する。

③マグロを**稚魚**から育てる。

④中途**半端**な考え。

⑤**不肖**の弟子。★

⑥試合に**辛勝**する。

⑦責任を取って**退陣**する。

⑧万事**遺漏**のないようにする。

⑨裁判所が証人を**召喚**する。

⑩辞書の**凡例**を読む。★

第66回解答

①工事が予定どおり**シンチョク**する。
→進みはかどる。

②モーツァルトに**シシュク**する。
→直接の教えは受けないが、その人をひそかに慕い学ぶ。

③マグロを**チギョ**から育てる。
→卵からかえってすぐの魚。

④中途**ハンパ**な考え。
→どちらともつかないようす。

⑤**フショウ**の弟子。
→親や師に似ず、できの悪いこと。

⑥試合に**シンショウ**する。
→かろうじて勝つ。

⑦責任を取って**タイジン**する。
→職や役目を辞める。

⑧万事**イロウ**のないようにする。
→漏れや落ちのあること。

⑨裁判所が証人を**ショウカン**する。
→裁判所が証人や被告人に対し出頭するよう命じる。

⑩辞書の**ハンレイ**を読む。
→書物や地図の初めに、読み方・使い方などを記したもの。

まちがえたものはここに書き出す

第67回問題　　　目標8点（各1点）

① 事故が **頻発** する。

② 対応は **適宜** 判断して決めたい。★

③ **車窓** から景色を眺める。

④ 井戸を **掘削** する。

⑤ 今月は **慶弔** 費の支出が多い。

⑥ 図書館で文献を **渉猟** する。★

⑦ 十分な **休憩** をとる。

⑧ 作者の **落款** がある書画。★

⑨ **夏至** は太陽が最も北に寄る日。

⑩ アンケートに **匿名** で回答した。★

第67回解答

月　日

① 事故が**ヒンパツ**する。
　→しきりに起こる。

② 対応は**テキギ**判断して決めたい。
　→その時、その場所に応じてよいようにする。

③ **シャソウ**から景色を眺める。
　→電車や車の窓。

④ 井戸を**クッサク**する。
　→土を掘ったり岩をくりぬいたりする。

⑤ 今月は**ケイチョウ**費の支出が多い。
　→祝い事と弔うべき事。

⑥ 図書館で文献を**ショウリョウ**する。
　→広くあさる。

⑦ 十分な**キュウケイ**をとる。
　→仕事や運動の間のひと休み。

⑧ 作者の**ラッカン**がある書画。
　→書画などに書かれた署名と押された印。

⑨ **ゲシ**は太陽が最も北に寄る日。
　→二十四節気の一つ。北半球では昼が最も長い日。

⑩ アンケートに**トクメイ**で回答した。
　→自分の氏名を隠すこと。

点

まちがえたものはここに書き出す

第68回問題　　目標8点（各1点）

①昔の|面||影|がない。

②仏門に|帰||依|する。

③有名店の前には|長||蛇|の列。

④歯を|矯||正|する。

⑤戸籍|謄||本|を取る。★

⑥科目の|履||修|。

⑦恩師が|逝||去|された。★

⑧|思||惑|どおりに物事が進んだ。

⑨|煮||沸|して消毒する。

⑩委員会に|諮||問|する。

第68回解答

① 昔のオモカゲがない。
→心に思い浮かべる顔や姿。

② 仏門にキエする。
→信じてその教えにすがる。

③ 有名店の前にはチョウダの列。
→蛇のように長く続くこと。

④ 歯をキョウセイする。
→悪いところを治す。

⑤ 戸籍トウホンを取る。
→原本の内容を全部うつしとった文書。

⑥ 科目のリシュウ。
→定められた学科・課程をおさめること。

⑦ 恩師がセイキョされた。
→人の死の敬称。

⑧ オモワクどおりに物事が進んだ。
→自分の考え。自分の思うところ。

⑨ シャフツして消毒する。
→水を煮立たせること。

⑩ 委員会にシモンする。
→有識者などに対し意見を求める。

第69回問題　　　目標8点（各1点）

① 万障繰り合わせて出席した。

② 面目躍如たるものがある。

③ 琴線に触れる。★

④ 天賦の画才。

⑤ 順風満帆な人生。★

⑥ 3日間断食した。

⑦ 克己心を養う。

⑧ 暫時休憩を取る。

⑨ 生粋の江戸っ子。

⑩ 人格の陶冶など望めない。★

第69回解答

① バンショウ繰り合わせて出席した。
→さまざまなさしさわり。

② 面目ヤクジョたるものがある。
→いきいきとしたようす。

③ キンセンに触れる。
→心の奥の心情。

④ テンプの画才。
→持って生まれた。生まれつきの。

⑤ 順風マンパンな人生。
→風を受けて帆がいっぱいに張ること。

⑥ 3日間ダンジキした。
→食を絶つこと。

⑦ コッキ心を養う。
→自分の欲望などに打ち勝つこと。

⑧ ザンジ休憩を取る。
→しばらく。少しの間。

⑨ キッスイの江戸っ子。
→混じりけがないこと。

⑩ 人格のトウヤなど望めない。
→人格などを養うこと。

第70回問題　　目標8点（各1点）

① **鴻鵠**の志。

②餅は**下衆**に焼かせよ。★

③**上巳**の節句。

④**為替**相場が変動している。★

⑤今年も**彼岸**がやってくる。

⑥**足袋**の白さがまぶしい。

⑦はがきには昨日の**消印**がある。

⑧空海の足跡をたどる**遍路**の旅。

⑨**窮鼠**猫を噛む。

⑩**贔屓**の引き倒し。

第70回解答

① コウコクの志。
→おおとりやくぐいの大きな鳥。大人物。

② 餅はゲスに焼かせよ。
→身分の低い人。

③ ジョウシの節句。
→陰暦三月三日の桃の節句。

④ カワセ相場が変動している。
→「円」と外国通貨との変換比率。

⑤ 今年もヒガンがやってくる。
→春分、秋分の日の前後3日間。

⑥ タビの白さがまぶしい。
→和装のときにはく、つま先が二つに分かれているはきもの。

⑦ はがきには昨日のケシインがある。
→切手やはがきに使用ずみのしるしに押す日付印。

⑧ 空海の足跡をたどるヘンロの旅。
→寺院などをめぐり歩いて参拝すること。

⑨ キュウソ猫を噛む。
→追いつめられたネズミ。

⑩ ヒイキの引き倒し。
→気に入ったものをかわいがり引き立てること。

点

まちがえたものはここに書き出す

第9章

表現力がアップする四字熟語

漢字が大いに活躍するのが、四字熟語です。これらは読み・書きはもちろん、意味や使い方も習得しなければなりません。四字熟語を自在に使えるようになると、あなたの表現力が確実にアップします。

問題 **次の□の熟語の読み（第72回は漢字）を答えなさい。**

★は「やや難」を示す。

第71回問題 目標8点（各1点）

① 片言隻語 も聞き漏らすまい。★

② 自縄自縛 に陥った。

③ 有為転変 の思想を表現。★

④ 群雄割拠 の戦国の世。

⑤ 生殺与奪 の権を握る。★

⑥ 天衣無縫 の生き方。

⑦ 傍若無人 の振る舞い。

⑧ 山紫水明 の地として有名。

⑨ 兄弟げんかは 日常茶飯事 だ。

⑩ 彼は 温厚篤実 な人柄だ。

第71回解答　　　　　月　　日

① **ヘンゲンセキゴ**も聞き漏らすまい。
→ほんのわずかな言葉。

② **ジジョウジバク**に陥った。
→自分の言動のために自由な動きが取れなくなること。

③ **ウイテンペン**の思想を表現。
→世の中の出来事が常に変化すること。

④ **グンユウカッキョ**の戦国の世。
→多くの英雄が各地に分かれて勢力を争うこと。

⑤ **セイサツヨダツ**の権を握る。
→生かすも殺すも思うままになること。

⑥ **テンイムホウ**の生き方。
→天真らんまんなこと。

⑦ **ボウジャクブジン**の振る舞い。
→人を人と思わず勝手に行うこと。

⑧ **サンシスイメイ**の地として有名。
→山や水の景色が清らかで美しいこと。

⑨ 兄弟げんかは**ニチジョウサハンジ**だ。
→日常に見られるありふれたこと。

⑩ 彼は**オンコウトクジツ**な人柄だ。
→やさしく穏やかで誠実なこと。

点　　まちがえたものはここに書き出す

第72回問題　　　目標8点（各1点）

① <ruby>一子相伝<rt>イッシソウデン</rt></ruby>の技芸を授けた。

② <ruby>言語道断<rt>ゴンゴドウダン</rt></ruby>の振る舞いだ。★

③ <ruby>朝令暮改<rt>チョウレイボカイ</rt></ruby>は改めねばならない。

④ <ruby>綱紀粛正<rt>コウキシュクセイ</rt></ruby>を計る。

⑤ 彼に何を言っても<ruby>馬耳東風<rt>バジトウフウ</rt></ruby>だ。

⑥ <ruby>不易流行<rt>フエキリュウコウ</rt></ruby>について考える。★

⑦ <ruby>一陽来復<rt>イチヨウライフク</rt></ruby>の兆しが見えた。

⑧ 結婚が決まり<ruby>喜色満面<rt>キショクマンメン</rt></ruby>。

⑨ <ruby>新規一転<rt>シンキイッテン</rt></ruby>生活を改めたい。

⑩ <ruby>同工異曲<rt>ドウコウイキョク</rt></ruby>の作品ばかりだ。★

第72回解答

① **一子相伝**の技芸を授けた。
→技術などの奥義を自分の子一人だけに伝えること。

② **言語道断**の振る舞いだ。
→もってのほか。

③ **朝令暮改**は改めねばならない。
→法律などが常に変わって定まらないこと。

④ **綱紀粛正**を計る。
→国家の規律や政治家・役人の態度を正すこと。

⑤ 彼に何を言っても**馬耳東風**だ。
→他人の意見などを聞き流すこと。

⑥ **不易流行**について考える。
→変わらないことと流動すること。

⑦ **一陽来復**の兆しが見えた。
→よくないことが続いたあとに、運が向くこと。

⑧ 結婚が決まり**喜色満面**。
→うれしそうな表情が顔一面にあふれでること。

⑨ **心機一転**生活を改めたい。
→あることを契機にすっかり変わること。

⑩ **同工異曲**の作品ばかりだ。
→見かけは違うけれど中身は同じこと。

点　　まちがえたものはここに書き出す

第73回問題　　目標8点（各2点）

●次の三字熟語の読みをひらがなで答え、その意味をア〜オの中から選びなさい。

① 金輪際 　　　　　（　）★

② 野放図 　　　　　（　）

③ 下馬評 　　　　　（　）

④ 茶飯事 　　　　　（　）

⑤ 正念場 　　　　　（　）★

（意味）

　ア　だらしがないこと。

　イ　ありふれたこと。

　ウ　部外者がする噂や批判。

　エ　大事な局面。

　オ　断じて・底の底まで。

第73回解答

①こんりんざい （オ）
→「金輪際会わ<u>ない</u>」のように打消しの語を伴う。

②のほうず （ア）
→「野放図に育った」など。「きりがない」の意も。

③げばひょう （ウ）
→昔、お供の者が馬を下りた主人を待つ間、評判話をする。

④さはんじ （イ）
→よく「日常茶飯事」などと使われる。

⑤しょうねんば （エ）
→「正念場に立たされる」。歌舞伎の主役の決め場面から。

第74回問題　　　目標8点（各1点）

●次の熟語の□に入る漢数字と読みを答えなさい。

① □寒四温　（　　　　　　　）

② □転八倒　（　　　　　　　）

③ □里霧中　（　　　　　　　）

④ □方美人　（　　　　　　　）

⑤ 朝三暮□　（　　　　　　　）★

⑥ 心機□転　（　　　　　　　）

⑦ 一石□鳥　（　　　　　　　）

⑧ 一日□秋　（　　　　　　　）

⑨ □死一生　（　　　　　　　）★

⑩ □鬼夜行　（　　　　　　　）

第74回解答

① **三**寒四温（さんかんしおん）
→冬に3日寒い日が続き、その後4日ほど暖かい日が続く気候。

② **七**転八倒（しちてんばっとう）
→苦しくてあちらこちらに転がること。

③ **五**里霧中（ごりむちゅう）
→何の手がかりもなくどうしていいかわからないこと。

④ **八**方美人（はっぽうびじん）
→誰からも好かれるように振る舞う人。

⑤ 朝三暮**四**（ちょうさんぼし）
→目先の大小や差異にこだわっても結果は同じというたとえ。

⑥ 心機**一**転（しんきいってん）
→何かをきっかけに、気持ちが良い方向に変わること。

⑦ 一石**二**鳥（いっせきにちょう）
→一つの行いから二つの利益を受けること。

⑧ 一日**千**秋（いちじつせんしゅう）
→とても待ち遠しいこと。

⑨ **九**死一生（きゅうしいっしょう）
→やっとのことで生き延びること。

⑩ **百**鬼夜行（ひゃっきやぎょう・ひゃっきやこう）
→多くの人（鬼）が醜い行いをすること。

点　　まちがえたものはここに書き出す

第75回問題   目標8点（各1点）

●次の各熟語の□に同じ漢字を入れて完成させなさい。

① 以□伝□ ★

② □立□歩

③ □画□賛

④ 右□左□

⑤ □信□疑

⑥ □人□色

⑦ □体□命

⑧ 海□山□

⑨ 岡□八□

⑩ □頭□尾 ★

第75回解答

①**以心伝心**（いしんでんしん）
→黙っていても気持ちが通じること。

②**独立独歩**（どくりつどっぽ）
→他人に頼らず左右されず、信じるところを実行すること。

③**自画自賛**（じがじさん）
→自分で自分をほめること。

④**右往左往**（うおうさおう）
→うろたえてしまうこと。

⑤**半信半疑**（はんしんはんぎ）
→本当かどうか迷ってしまうこと。

⑥**十人十色**（じゅうにんといろ）
→人の好みや考え方はそれぞれ違うということ。

⑦**絶体絶命**（ぜったいぜつめい）
→どうしようもないところまで追いつめられること。

⑧**海千山千**（うみせんやません）
→さまざまな経験を積んでずるがしこいこと。

⑨**岡目八目**（おかめはちもく）
→当事者よりもそばで見ている人が正確に判断できる。

⑩**徹頭徹尾**（てっとうてつび）
→初めから終わりまで。あくまでも。

点　　まちがえたものはここに書き出す

第76回問題　　　　目標8点（各2点）

●次の文章の熟語を、後の語群から漢字を選んで完成させなさい。ひらがなの部分は漢字に直しなさい。

この1年は①□□未□の不景気で、中小企業はどこも経営が苦しく②□息□息の状態である。各企業とも、社員一丸となって③□骨□□しながら、夜を日に継いで働き続けてきたが、経営状態はなかなか好転しなかった。各経営者ともここが、④□急存□のときであると考え、今後のことを⑤□□模索しているようだ。

[語群]

さい・ぼう・あん・身・中・青

ふん・き・もん・代・吐・前

① □□未□

② □息□息

③ □骨□□★

④ □急存□

⑤ □□模索

第76回解答

① 前代未聞（ぜんだいみもん）
→今まで聞いたことのないようなこと。

② 青息吐息（あおいきといき）
→ひどく困って吐くため息。

③ 粉骨砕身（ふんこつさいしん）
→骨身を惜しまず努力すること。

④ 危急存亡（ききゅうそんぼう）
→生きるか死ぬかの境目。

⑤ 暗中模索（あんちゅうもさく）
→手がかりもない中でさまざまにやってみること。

点

まちがえたものはここに書き出す

第77回問題　　　　目標8点（各2点）

●次の熟語①②③の□に漢字を補い、④⑤の傍線部の読みを答え、さらに意味を後のア〜ケから選びなさい。

① 一□一会（　　　）★

② □刀直入（　　　）

③ □意即妙（　　　）

④ 言語道断（　　　）

⑤ 有為転変（　　　）★

[意味]
ア　他人を無視して勝手にふるまうこと。
イ　人生において出会いが大切であること。
ウ　一つのことに集中して、気を散らさないこと。
エ　隠すところなく正しく堂々としていること。
オ　自分で行った悪事の報いを自分で受けること。
カ　この世は常に移りかわり、とどまることがないこと。
キ　前置きなしに要点に入ること。
ク　話にならないほど正道から外れていること。
ケ　その場に合わせてすぐに機転をきかすこと。

第77回解答　　　　　月　日

① 一期一会（いちごいちえ）　イ

② 単刀直入（たんとうちょくにゅう）　キ

③ 当意即妙（とういそくみょう）　ケ

④ 言語道断（ごんごどうだん）　ク

⑤ 有為転変（ういてんぺん）　カ

(注) 解答にない熟語は以下のとおり。

ア「傍若無人（ぼうじゃくぶじん）」

ウ「一意専心（いちいせんしん）」

エ「公明正大（こうめいせいだい）」

オ「自業自得（じごうじとく）」

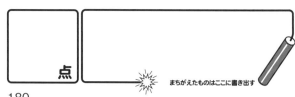

点　　　　まちがえたものはここに書き出す

第10章

同音異義語・対義語など、語彙の攻略

ここでは同音異義語、同意語、対義語、反意語などを扱います。こうした問題を解くことによって、漢字への関心が広がり、語彙力が飛躍的にアップします。またワープロでの漢字自動変換ミスなどを防ぐためにも重要です。

問題 次の各問題に答えなさい。

★は「やや難」を示す。

第78回問題　　　目標8点（各2点）

●次の各傍線部と同じ漢字を使うものをア～オの中から選び、その漢字を答えなさい。

① ドウ機
- ア　言ドウ
- イ　報ドウ
- ウ　ドウ察
- エ　ドウ乗
- オ　殿ドウ

☐

② 真ケン
- ア　特ケン
- イ　ケン約
- ウ　ケン士
- エ　ケン討
- オ　文ケン

☐

③ コウ率
- ア　均コウ
- イ　芳コウ
- ウ　コウ石
- エ　コウ想
- オ　実コウ

☐

④ 検ショウ★
- ア　表ショウ
- イ　チショウ
- ウ　代ショウ
- エ　ショウ左
- オ　ショウ状

☐

⑤ ヨソオい
- ア　勧ユウ
- イ　ソウ備
- ウ　シュウ集
- エ　概カン
- オ　仮セツ

☐

第78回解答　　　　　　　　　月　　日

① ア　言動

② ウ　剣士

③ オ　実効

④ エ　証左

⑤ イ　装備

(注) 解答以外の漢字は次のとおり（例）。

①	イ	報道	ウ	洞察	エ	同乗	オ	殿堂
②	ア	特権	イ	倹約	エ	検討	オ	文献
③	ア	均衡	イ	芳香	ウ	鉱石	エ	構想
④	ア	表彰	イ	干渉	ウ	代償	オ	賞状
⑤	ア	勧誘	ウ	収集	エ	概観	オ	仮説

点

まちがえたものはここに書き出す

第79回問題   目標8点（各1点）

●次のカタカナの漢字を、ア〜エから選びなさい。

①救助隊の出動をヨウセイする。
　ア　要請　　イ　養成　　ウ　養正　　エ　陽性

②粉骨サイシンして物事にあたる。★
　ア　最深　　イ　最新　　ウ　砕身　　エ　砕心

③キセイ事実として認める。★
　ア　規正　　イ　規制　　ウ　既製　　エ　既成

④彼の笑顔がノウ裏をかすめた。
　ア　農　　イ　脳　　ウ　能　　エ　悩

⑤町の発展のためにジンカした。★
　ア　尽　　イ　神　　ウ　人　　エ　仁

⑥大きな規ボの工事。
　ア　望　　イ　保　　ウ　募　　エ　模

⑦要リョウよく立ち回る。
　ア　了　　イ　料　　ウ　領　　エ　量

⑧まだ数日の猶ヨがある。★
　ア　代　　イ　与　　ウ　余　　エ　予

⑨判断を会議にユダねる。
　ア　委　　イ　預　　ウ　許　　エ　託

⑩池の水深をハカる。
　ア　計　　イ　図　　ウ　測　　エ　量

第79回解答   月　日

① ア　要請

② ウ　砕身

③ エ　既成

④ イ　脳

⑤ ア　尽

⑥ エ　模

⑦ ウ　領

⑧ エ　予

⑨ ア　委

⑩ ウ　測

点

まちがえたものはここに書き出す

第80回問題　　　目標8点（各2点）

●次の傍線部と同じ漢字を用いるものをア～エから選び漢字で答えなさい。

①ニュースを報ドウする。
- ア　新しい技術をドウ入する。
- イ　そういうやり方は邪ドウだ。
- ウ　人口が流ドウする。
- エ　公私を混ドウする。

②健康を維ジする。
- ア　新聞の記ジを読む。
- イ　政ジ家を志す。
- ウ　自分の意見を明ジする。
- エ　辞書をジ参する。

③作文の添サクをする。★
- ア　さまざまな感情が交サクする。
- イ　山道を散サクする。
- ウ　インターネットで検サクする。
- エ　人件費をサク減する。

④大雨による洪水を警カイする。
- ア　懲カイ免職となる。
- イ　奇カイな事件が発生する。
- ウ　堤防が決カイする。
- エ　カイ中にしのばせる。

⑤暴力やキョウ迫に屈しない。
- ア　見事な演技にキョウ嘆する。
- イ　隣国にとってはキョウ威だ。
- ウ　キョウ制的に働かせる。
- エ　妥キョウ点を見いだす。

第80解答

① イ　邪道

② エ　持参

③ エ　削減

④ ア　懲戒

⑤ イ　脅威

(注) 解答以外の漢字は以下のとおり。

①ア	導入	ウ	流動	エ	混同
②ア	記事	イ	政治	ウ	明示
③ア	交錯	イ	散策	ウ	検索
④イ	奇怪	ウ	決壊	エ	懐中
⑤ア	驚嘆	ウ	強制	エ	妥協

点

まちがえたものはここに書き出す

第81回問題　　　目標8点（各1点）

●次の□に入る漢字を後の（読み）から選んで、漢字で対義語・類義語を作りなさい。同じ読みを2回以上使ってもよい。

[対義語]

①破壊―□設　　②慎重―□率★

③解放―□鎖　　④保守―□新

⑤永遠―瞬□

[類義語]

⑥不意―突□　　⑦手柄―□績

⑧追憶―□想　　⑨□意―工夫★

⑩容易―□単

（読み）

かい・かく・かん・けい・けん

こう・ぜん・そう・そつ・たつ

とう・のう・へい・れい・む

第81回解答

①建設

②軽率

③閉鎖

④革新

⑤瞬間

⑥突然

⑦功績

⑧回想

⑨創意

⑩簡単

点

まちがえたものはここに書き出す

第82回問題　　　目標8点（各2点）

●次のカタカナの漢字の「偏」の異なるものを選び漢字で答えなさい。

①ア　グウ然中学校の同級生に会った。
　イ　保護者同ハンの上集まってください。
　ウ　チツ序が保たれるよう行動する。
　エ　彼の職業は探テイだ。　　　□

②ア　大震災でヒ災した。
　イ　余ユウのあるところを見せた。
　ウ　これは会計文書のフク写だ。
　エ　彼は4番でホ手だ。　　　□★

③ア　元旦にハツ詣に行く。
　イ　フク数の解き方がある。
　ウ　説明が不十分なのでホ足する。
　エ　公共の福シを図る。　　　□

④ア　健康シン断を受ける。
　イ　ショウ細は文書で報告する。
　ウ　防災体制を組シキ化する。
　エ　土地をジョウ渡する。　　□★

⑤ア　独裁政権に対する抵コウ運動。
　イ　選タクの余地はない。
　ウ　要求をきっぱりキョ否する。
　エ　モウ烈なスピードで走り去った。
　　　　　　　　　　　　　　□

第82回解答

① ウ　秩序

② エ　捕手

③ エ　福祉

④ ウ　組織化

⑤ エ　猛烈

(注) 解答以外の漢字は以下のとおり。

① ア　偶然　　イ　同伴　　エ　探偵
② ア　被災　　イ　余裕　　ウ　複写
③ ア　初詣　　イ　複数　　ウ　補足
④ ア　健康診断　イ　詳細　エ　譲渡
⑤ ア　抵抗運動　イ　選択　ウ　拒否

第83回問題　　　目標8点（各2点）

●次の□に当てはまる2字の熟語を、語群の1字とその反対の意味を持つ漢字を組み合わせて答えなさい。

①中野区の人口の□□を調べる。

②あの投手は□□をつけた投球をする。

③彼の主張の□□を論じた。★

④□□ばかりを考えて行動してはいけない。

⑤彼は□□一貫して無実を主張した。

[語群]

減・終・客・強・得

是・悪・急

第83回解答

①増減

②緩急

③是非

④損得

⑤終始

第11章

頭がよくなる漢字

漢字をただ読み・書きできるかだけではなく、漢字を使って少し頭を使わなければならない入試問題を集めてみました。漢字を使って考えることの面白さをぜひ堪能してください。

問題 **次の各問題に答えなさい。**

★は「やや難」を示す。

第84回問題   目標8点（各2点）

●次の□に、それぞれ共通する漢字を入れて熟語を完成させなさい、

① □賞・□定・印□

② □筆・□並・体□

③ □鏡・開□・裸□

④ □弦・□降・手□

⑤ □色・□程・羽□★

第84回解答　　　　　　　　月　　日

①鑑賞・鑑定・印鑑
→かんしょう・かんてい・いんかん

②毛筆・毛並・体毛
→もうひつ・けなみ・たいもう

③眼鏡・開眼・裸眼
→めがね（がんきょう）・かいげん（かいがん）・らがん

④下弦・下降・手下
→かげん（月のようす）・かこう・てした

⑤音色・音程・羽音
→ねいろ・おんてい・はおと

点　　　　　　　　　まちがえたものはここに書き出す

第85回問題　　　　目標8点（各2点）

●次の□に、それぞれ共通する漢字を入れて熟語を完成させなさい。

①往□・□訪・未□

②青□・□気・□白★

③□形・成□・□相

④不□・治□・□全

⑤接□・沿□・□辺

第85回解答

① 往**来**・**来**訪・未**来**
→おうらい・らいほう・みらい

② 青**空**・**空**気・**空**白
→あおぞら・くうき・くうはく

③ **人**形・成**人**・**人**相
→にんぎょう・せいじん・にんそう

④ 不**安**・治**安**・**安**全
→ふあん・ちあん・あんぜん

⑤ 接**岸**・沿**岸**・**岸**辺
→せつがん・えんがん・きしべ

点

まちがえたものはここに書き出す

第86回問題　　　目標8点（各2点）

●次の例にならって、それぞれの漢字の訓読みを2種類答え、その読みに適応した2字の熟語を作りなさい。

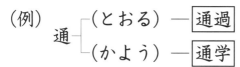

①治 ┌（　　　　）―　□
　　 └（　　　　）―　□

②苦 ┌（　　　　）―　□
　　 └（　　　　）―　□

③省★┌（　　　　）―　□
　　 └（　　　　）―　□

④調 ┌（　　　　）―　□
　　 └（　　　　）―　□

⑤優 ┌（　　　　）―　□
　　 └（　　　　）―　□

第86回解答

① 治 ─(おさまる)─政治
　　 └(なおる)─治療

② 苦 ─(くるしい)─苦心
　　 └(にがい)─苦味

③ 省 ─(かえりみる)─反省
　　 └(はぶく)─省略

④ 調 ─(しらべる)─調査
　　 └(ととのえる)─調合

⑤ 優 ─(やさしい)─優雅
　　 └(すぐれる)─優秀

(熟語は例)

点

まちがえたものはここに書き出す

第87回問題   目標8点（各2点）

●次の例にならって、各組のAとBに入る同じ漢字を答えなさい。

（例）英語は「A国B」だ。

コップは「A来B」だ。

　　　　　　　A：外　　B：語

①和食の「A理B」になる。

　ライオンの「A教B」になる。

②「A用B」な発言。★

　「A本B」な成績。

③ヒロインの「A手B」。★

　会社の「A談B」。

④りっぱな「A格B」

　クラスの「A気B」。

⑤国交を「A常B」する。

　自分の行動を「A当B」する。

第87回解答　　　　　月　　日

① A：調　　B：師

② A：不　　B：意

③ A：相　　B：役

④ A：人　　B：者

⑤ A：正　　B：化

第88回問題　　　　　目標10点（各5点）

●次の7枚のカードの裏面には、それぞれ表面と反対、あるいは対になる意味を表す漢字が書かれている、この中から4枚を選び、それを並べて四字熟語を作りなさい。カードは表面・裏面のどちらを使ってもよい。

① 買　下　大

　濃　利　少

　生

② 風　森　耳

　牛　女　西

　分

第88回解答

①薄利多売（はくりたばい）
→利益をおさえ大量に売り、全体で利益を上げること。

②馬耳東風（ばじどうふう）
→人の意見や忠告を聞き流すこと。

(注) カードの裏面は、

①売・上・小・薄・損・多・死

②雨・林・鼻・馬・男・東・秒

第89回問題　　　　　目標8点（各2点）

●次の例にならって、□に漢字を入れて2字の熟語を作りなさい。矢印は読み方向を示している。

①
```
    行
    ↑
設←□←布
    ↑
    実
```

②
```
    倣
    ↑
擬←□←規
    ↓
    索
```

③
```
    音   ★
    ↑
案←□→技
    ↑
    巧
```

④
```
    領
    ↑
精←□→付
    ↓
    身
```

⑤
```
    兵
    ↑
数←□→行
    ↑
    進
```

第89回解答

① **施** (施行・施設・実施・布設)

② **模** (模倣・模擬・模索・規模)

③ **妙** (妙音・妙案・巧妙・妙技)

④ **受** (受領・受精・受身・受付)

⑤ **歩** (歩兵・歩数・進歩・歩行)

第90回問題　　　目標8点（各2点）

●次の例にならって、それぞれの漢字の二つの音読みで2字の熟語を作りなさい。

（例）

①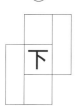

②

③ ★

④

⑤

第90回解答

月　日

①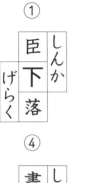

②

③

④

⑤

（以上は例）

点　　まちがえたものはここに書き出す

第91回問題　　　　　目標8点（各2点）

●次の四つの□は、4組の熟語からなっている。例にならってa・bに下から選んで漢字を入れなさい。

（例）

a	心
全	b

a心とa全のaは「安」

心bと全bのbは「身」

①

a	開
足	b

② ★

a	内
根	b

③

a	原
心	b

④

a	割
配	b

⑤

a	書
工	b

安・身・進・因・分・合・気

面・屋・満・手・図・野・場

第91回解答

① a開とa足のaは「満」
　開bと足bのbは「場」

② a内とa根のaは「屋」
　内bと根bのbは「気」

③ a原とa心のaは「野」
　原bと心bのbは「因」

④ a割とa配のaは「分」
　割bと配bのbは「合」

⑤ a書とa工のaは「図」
　書bと工bのbは「面」

第92回問題　　　　　目標8点（各2点）

●上の2字と下の2字が「質疑応答」のような対の関係になっている四字熟語を答えなさい。

① ア　意気投合　　イ　異口同音

　　ウ　公明正大　　エ　絶体絶命

●□に入る漢字のうち、ほかと異なるものを一つ答えなさい。

② ア　首尾□貫　　イ　□触即発

　　ウ　遮二無□　　エ　□言居士

●次の各熟語に対義語を後の漢字を組み合わせて作りなさい。

③困難

④平等★

⑤分析

合・富・別・由・容

総・差・豊・易・自

第92回解答

①異口同音
→みんなが口をそろえて同じことを言うこと。

②遮二無二
→がむしゃら。

③容易

④差別

⑤総合

点

まちがえたものはここに書き出す

第12章 難関高校で出る 漢字に挑戦！

最後の力試しです。日本を代表する難関高校の入試問題を集めました。といっても、決して無理な問題を出題しているわけではなく、むしろ常識的な漢字を扱っている場合が多いのです。九割以上の正解率を目指しましょう。

問題　次の□に入る漢字を答えなさい。

第93回問題 同志社 目標10点（各1点）

① __隠__れていたずらをした。

②彼女の言うことに__感心__した。

③庭の景色を__眺__める。

④母は__倹約__家だ。★

⑤彼女を__愛称__で呼んだ。

⑥__漠然__と考える。

⑦根拠を__明瞭__に示す。★

⑧動植物の__生態__系。

⑨世代を超えて__継承__された。★

⑩__風情__のある滝の音。★

第93回解答

①**隠**れていたずらをした。
→姿を見せずに。人目につかないように。

②彼女の言うことに**感心**した。
→りっぱだと感じ入ること。

③庭の景色を**眺**める。
→見渡す。

④母は**倹約**家だ。
→無駄遣いしないこと。

⑤彼女を**愛称**で呼んだ。
→正式の名前とは別に親しみを持って呼ぶ名前。

⑥**漠然**と考える。
→はっきりしないようす。ぼんやりしたようす。

⑦根拠を**明瞭**に示す。
→明らかであるようす。はっきりしているようす。

⑧動植物の**生態**系。
→「生態系」で、ある地域に住む生物群と環境とを包括した全体。

⑨世代を超えて**継承**された。
→地位や財産などを受け継ぐ。

⑩**風情**のある滝の音。
→おもむき。情景から感じられる味わい。

点

まちがえたものはここに書き出す

第94回問題 早稲田実業 目標8点（各1点）

① ケータイが[ル][フ]する。★

② その文化は[リュウセイ]を極めた。

③ 自尊心が[キョエイ]を生み出す。

④ [オントウ]な表現。★

⑤ 菌の繁殖を[ソガイ]する物質。

⑥ [ゲンミツ]に言う。

⑦ もう一度[レッキョ]する。

⑧ 恩恵を[コウム]る。

⑨ 科学は文明の[ハクビ]となる。★

⑩ [カンガイ]を抱く。

第94回解答

① ケータイが**流布**する。
→世の中に広まる。

② その文化は**隆盛**を極めた。
→勢いの盛んなこと。

③ 自尊心が**虚栄**を生み出す。
→うわべを飾ること。みえ。

④ **穏当**な表現。
→穏やかで無理のないようす。

⑤ 菌の繁殖を**阻害**する物質。
→妨げる。じゃまをする。

⑥ **厳密**に言う。
→厳しくて、細かく行き届いているようす。

⑦ もう一度**列挙**する。
→一つ一つ数えること。

⑧ 恩恵を**被**る。
→身に受ける。いただく。

⑨ 科学は文明の**白眉**となる。
→多くのものの中で特にすぐれているもの。

⑩ **感慨**を抱く。
→深く心に感じること。

点

まちがえたものはここに書き出す

第95回問題 慶應義塾 目標9点（各1点）

① ［モンガイ］に対して答える。

②色々な［ダンペン］を組み合わせる。

③［ジュンノウ］性が高い。

④最悪の［ジタイ］だ。

⑤［セッパ］詰まる。★

⑥壊れた箇所を［シュウリ］できない。

⑦［アンジュウ］のすみか。★

⑧［シンリ］を見つめる。

⑨［ムジョウ］の説法に会う。

⑩物への［ホウオン］である。

第95回解答

① **門外**に対して答える。
→専門外。

② 色々な**断片**を組み合わせる。
→きれぎれになった切れ端。

③ **順応**性が高い。
→環境や事情などに合わせて変わること。

④ 最悪の**事態**だ。
→物事のありさま。

⑤ **切羽**詰まる。
→「切羽詰まる」で、どうしようもなくなること。

⑥ 壊れた箇所を**修理**できない。
→具合の悪くなったものを直す。

⑦ **安住**のすみか。
→安心して住むこと。

⑧ **真理**を見つめる。
→正しい道理。いつどんな時でも変わらない正しい道筋。

⑨ **無上**の説法に会う。
→この上ないこと。最上。

⑩ 物への**報恩**である。
→受けた恩に報いること。

第96回問題 東大寺　目標9点（各1点）

① <ruby>コウ<rt></rt></ruby><ruby>ギ<rt></rt></ruby>□□を集中して聞く。

② <ruby>ガイ<rt></rt></ruby>□して本のタイトルが肝心である。

③ <ruby>トウセツ<rt></rt></ruby>□□、出版社は色々工夫する。

④ネットで読者の感想を<ruby>エツラン<rt></rt></ruby>□□する。★

⑤安易な読書<ruby>ヘンチョウ<rt></rt></ruby>□□。

⑥自由な<ruby>キョウグウ<rt></rt></ruby>□□で働きたい。★

⑦集団はそもそも<ruby>ワズラ<rt></rt></ruby>□わしいものだ。

⑧新入社員を<ruby>コヨウ<rt></rt></ruby>□□する。

⑨契約書がなくても<ruby>シショウ<rt></rt></ruby>□□ない。★

⑩幕府の<ruby>チョッカツ<rt></rt></ruby>□□領。

第96回解答

① **講義**を集中して聞く。
→教員が教える内容を口頭で話すこと。

② **概**して本のタイトルが肝心である。
→一般に。

③ **当節**、出版社は色々工夫する。
→近頃。この頃。

④ ネットで読者の感想を**閲覧**する。
→本・雑誌などを調べながら見る。読む。

⑤ 安易な読書**偏重**。
→ある物事だけを重んじること。

⑥ 自由な**境遇**で働きたい。
→置かれている総合的な環境。身の上。

⑦ 集団はそもそも**煩**わしいものだ。
→やっかいだ。めんどうだ。

⑧ 新入社員を**雇用**する。
→人を雇うこと。

⑨ 契約書がなくても**支障**ない。
→さしつかえ。

⑩ 幕府の**直轄**領。
→直接に管理すること。

第97回問題 ラ・サール 目標9点（各1点）

① 物語の□□（ホッタン）。★

② ビタミンが□□（ケツボウ）する。

③ 言動を□（ツツシ）むべきである。

④ □□（ボウキャク）だけが残った。

⑤ 患者との□□（セッショク）を禁ずる。

⑥ 何をもたらしたかを□□（ソウキ）する。★

⑦ 自己承認の□□（ケイキ）にする。★

⑧ 医療と宗教は□□（シンワ）性が高い。

⑨ 安価さのメリットを□□（イジ）する。

⑩ 地下に□（モグ）ってカルト化する。

第97回解答

① 物語の**発端**。
→始まり。

② ビタミンが**欠乏**する。
→必要なものが足りないこと。

③ 言動を**慎**むべきである。
→誤りのないよう慎重にする。

④ **忘却**だけが残った。
→忘れ去ること。

⑤ 患者との**接触**を禁ずる。
→交渉をもつこと。触れること。

⑥ 何をもたらしたかを**想起**する。
→思い起こす。

⑦ 自己承認の**契機**にする。
→きっかけ。動機。

⑧ 医療と宗教は**親和**性が高い。
→親しみ。なじみ。

⑨ 安価さのメリットを**維持**する。
→同じ状態でもちこたえる。

⑩ 地下に**潜**ってカルト化する。
→隠れる。ひそむ。

まちがえたものはここに書き出す

第98回問題 東海　　目標9点（各1点）

①入試　カイカク。

②生きていく上での　ヒッス　の知識。★

③水戸を　ケイユ　して仙台に行く。

④公正な　シンサ。

⑤写真を　ト　ってもらう。

⑥闇に　ホウム　りさられる。

⑦子どもたちの　コウキュウ　救済機関。

⑧　シハン　の粉ミルク。

⑨新しい動きが　レンサ　する。★

⑩大きな　ヘダ　たりが生じる。

第98回解答

① 入試**改革**。
→古い制度などを改めること。

② 生きていく上での**必須**の知識。
→必ず要ること。なくてはならないこと。

③ 水戸を**経由**して仙台に行く。
→経て行くこと。

④ 公正な**審査**。
→優劣などについて詳しく調べ決めること。

⑤ 写真を**撮**ってもらう。
→写真などを写す。

⑥ 闇に**葬**りさられる。
→世間に知られないように隠す。

⑦ 子どもたちの**恒久**救済機関。
→永久。

⑧ **市販**の粉ミルク。
→一般の小売店で売っていること。

⑨ 新しい動きが**連鎖**する。
→鎖のようにつながっていること。

⑩ 大きな**隔**たりが生じる。
→差。

点

まちがえたものはここに書き出す

第99回問題 開成　　目標9点（各1点）

① 根源的*懐疑*にとらわれる。

② *埋蔵*金の隠し場所。

③ 彼の考えは*実相*とはほど遠い。★

④ 未知との*遭遇*。

⑤ *残酷*な行為。

⑥ *情緒*の世界。

⑦ このようなケースは*皆無*に近い。

⑧ 間違いを*指摘*する。★

⑨ 人生の*岐路*に立つ。

⑩ *人口*に膾炙する。★

第99回解答

① 根源的**懐疑**にとらわれる。
→疑いを持つこと。

② **埋蔵**金の隠し場所。
→うずめ隠すこと。

③ 彼の考えは**実相**とはほど遠い。
→実際のようす。

④ 未知との**遭遇**。
→思いがけなく出会うこと。

⑤ **残酷**な行為。
→むごたらしいこと。

⑥ **情緒**の世界。
→事に触れて生じる特別な味わい・思い。

⑦ このようなケースは**皆無**に近い。
→全くないこと。

⑧ 間違いを**指摘**する。
→特に取りあげて指し示すこと。

⑨ 人生の**岐路**に立つ。
→分かれ道。

⑩ **人口**に膾炙する。
→「人口に膾炙(かいしゃ)する」で、世間の評判になりもてはやされる。

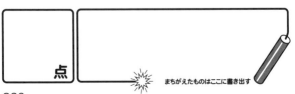

第100回問題 灘　　目標10点（各1点）

① □□（イヒョウ）をつく。★

② □□（トウザ）はうまくいくように思えた。★

③ 中国に□□（ジクアシ）を向ける。

④ 進歩主義で□（コ）り固まった社会。

⑤ □□（ムジョウ）の喜びを覚える。★

⑥ 親戚、□□（エンジャ）、その他の地域集団。

⑦ □□□□（シコウサクゴ）を繰り返す。

⑧ 懸命に共存を□□（モサク）する。★

⑨ 君には□□（シュウトウ）さが足りない。★

⑩ □□（カジョウ）に意識する。

第100回解答　　　月　日

① **意表**をつく。
→思いのほか。

② **当座**はうまくいくように思えた。
→その場。さしあたり。

③ 中国に**軸足**を向ける。
→考えや方策などの重点。

④ 進歩主義で**凝**り固まった社会。
→「凝り固まる」で、一つのことにとらわれる。

⑤ **無上**の喜びを覚える。
→この上ないこと。最上。

⑥ 親戚、**縁者**、その他の地域集団。
→縁続きの者。

⑦ **試行錯誤**を繰り返す。
→いろいろ試して失敗を重ねながら解決へ近づいていくこと。

⑧ 懸命に共存を**模索**する。
→手さぐりで探す。

⑨ 君には**周到**さが足りない。
→用意が行き届いて抜かりのないようす。

⑩ **過剰**に意識する。
→多すぎてありすぎること。

点

まちがえたものはここに書き出す

得点集計表

(各回10点満点の得点を記入)

第1章	①	②	③	④	⑤	⑥	⑦
⑧	⑨	⑩	⑪	⑫	⑬	⑭	⑮
第2章	⑯	⑰	⑱	⑲	⑳	㉑	㉒
㉓	㉔	㉕	㉖	㉗	㉘	㉙	㉚
第3章	㉛	㉜	㉝	㉞	㉟	第4章	㊱
㊲	㊳	㊴	㊵	第5章	㊶	㊷	㊸
㊹	㊺	㊻	㊼	㊽	㊾	㊿	第6章
51	52	53	54	55	56	57	58
59	60	第7章	61	62	63	64	65
第8章	66	67	68	69	70	第9章	71
72	73	74	75	76	77	第10章	78
79	80	81	82	83	第11章	84	85
86	87	88	89	90	91	92	第12章
93	94	95	96				
97	98	99	100				

合計　　　点

(1000点満点)

おわりに

いかがですか？

なかなか手強かったでしょう。手も足も出ないという問題があったかもしれません。

漢字はそれ自体で意味を持っています。他の漢字とくっついて熟語を作り、文章を論理的で明快にします。さらには文章に心情を込めるものです。

では、得点を集計してみましょう。

233ページの集計表に、各回の得点を記入します。各回10点満点で全100回、合計1000点満点です。

■**900点以上得点した人**＝漢字の読み書き、熟語の使い方など、困ることはないでしょう。本をよく読む人です。ＰＣやスマホのメールではなく、今度は手書きで手紙を書いてみませんか。

■**700点以上得点した人**＝文章を読むとき、なぜこんな漢字を使うのだろう、と考えてみましょう。きっと書き手の思いが伝わってきます。「哀しい」と「悲しい」、「流離」と「さすらい」、「立つ」と「起つ」。伝わってくる思いは違いますね。

■**700点に満たなかった人**＝文章を読む機会が少ないのでしょう。わからない漢字や言葉に出会っても、そのまま素通りしているのでは。そうしたときは、必ず辞書で調べましょう。辞書には、見出し語の用例が付記されています。１語を調べると、必ず＋アルファの知識が身に付きます。

■**500点に満たなかった人**＝こういう人はほと

んどいないと思いますが、念のため。おそらく漢字を知らないというのではなく、意思を伝えたり何かを表現したりするということに興味を持っていないのでしょう。もどかしいかもしれませんが、言葉を発する前に、こういう言い方・書き方でいいのだろうかと、考えてみませんか。

　本来、私たちが使う言葉は「書き言葉」です。年代や経験を問わず、誰もが誤解なくわかるように、言葉はあったのです。その中でも漢字の使い方はとても重要な要素でした。私たちは、見知らぬ人と話すときは言葉の働きを考えて話します。前もって原稿にしたり、時には資料を添えたりもするでしょう。
　問題なのは、「うち言葉」ですが、閉ざされた仲間集団で使われる言葉です。そこではほかの集団の人たちにはわからない短縮語や造語が頻繁に使われるようです。これらが頭の中にいっぱいになってしまうと、見知らぬ人に自分の気持ちや主張ををどう表現したらよいのかわからなくなってしまいそうです。
　正しい言葉、正しい漢字を使うことによって、社会の中での自分の存在を実感できると言えば言いすぎでしょうか。高校入試に出る漢字を見ていると、出題者がそう言っているように思えるのです。

【著者紹介】

出口 汪（でぐち・ひろし）

1955年東京生まれ。関西学院大学大学院文学研究科博士課程単位取得退学。広島女学院大学客員教授、論理文章能力検定評議員、出版社「水王舎」代表取締役。現代文講師として、予備校の大教室が満員となり、受験参考書がベストセラーになるほど圧倒的な支持を得ている。また「論理力」を養成する画期的なプログラム「論理エンジン」を開発、多くの学校に採用されている。著書に『出口汪の「最強！」の記憶術』『出口のシステム現代文』『子どもの頭がグンと良くなる！国語の力』『芥川・太宰に学ぶ 心をつかむ文章講座』（以上、水王舎）、『出口汪の新日本語トレーニング』（小学館）、『日本語の練習問題』（サンマーク出版）、『出口汪の「日本の名作」が面白いほどわかる』（講談社）、『ビジネスマンのための国語力トレーニング』（日経文庫）、『源氏物語が面白いほどわかる本』（KADOKAWA）、『頭がよくなる！大人の論理力ドリル』（フォレスト出版）、『やりなおし高校国語・教科書で論理力を・読解力を鍛える』（筑摩書房）など。小説に『水月』（講談社）がある。

公式ブログ
「一日生きることは、一日進歩することでありたい」
http://ameblo.jp/deguchihiroshi/
オフィシャルサイト
http://www.deguchi-hiroshi.com/
ツイッター
@deguchihiroshi
◎出口汪の「頭が良くなる無料メルマガ」登録受付中。

大人のための
なかなか書けない・読めない中学生漢字

2016年11月10日　第一刷発行

著者	出口　汪
発行人	出口　汪
発行所	株式会社水王舎
	〒160-0023
	東京都新宿区西新宿6-15-1
	ラ・トゥール新宿511
	電話 03-5909-8920
カバーデザイン	福田和雄（FUKUDA DESIGN）
印刷・製本	中央精版印刷株式会社
編集協力	関一憲
編集統括	瀬戸起彦（水王舎）

落丁、乱丁本はお取り替えいたします。

©Hiroshi Deguchi, 2016 Printed in japan
ISBN978-4-86470-062-7 C0081

既刊好評発売中!

大人のための本当に役立つ
小学生漢字

出口 汪・著
定価(本体700円+税)

気軽に楽しく、漢字で頭の体操!
小学生漢字を書けないと大人のあなたは恥を書く!

"現代国語のカリスマ"出口汪が、大人が知っておくべき小学生漢字を厳選し、テスト形式で出題!そして巻末には灘中の入試問題も掲載!
本書一冊で、日常必要とする漢字をもう一度見直し、語彙力や表現力を豊かにし、頭を鍛えることができます。
さて、あなたは何問答えられますか?

既刊好評発売中!

大人のための意外と知らない
小学生四字熟語

出口 汪・著
定価(本体700円+税)

油断大敵、四字熟語。
知っていると助かる、使えると便利な四字熟語が気軽に身につく!

学校で教わったはずなのに、なかなか書けない・読めない四字熟語。先人の感性と論理が組み合わさってできた、いろんな場面で使えるひじょうに便利な言葉です。そんな四字熟語がクイズ感覚で気軽に習得できる1冊!さらに、"現代国語のカリスマ"出口汪による難度の高い問題に挑戦!

既刊好評発売中!

出口 汪の「最強!」の記憶術

出口 汪・著

定価(本体1200円+税)

「頭が悪い」なんてもう言わせない!
脳科学による世界一無理のない勉強法を一挙公開!

簡単に読めて「理に適った記憶術」がマスターできる1冊!本書を実践することで、ビジネスや勉強の現場で何よりも頼りになる「武器」を手に入れることができます!
論理と脳科学を活用した記憶の仕方を誰にでもわかるように解説しています。
読むだけでグングン頭が良くなる「勉強法」の決定版!